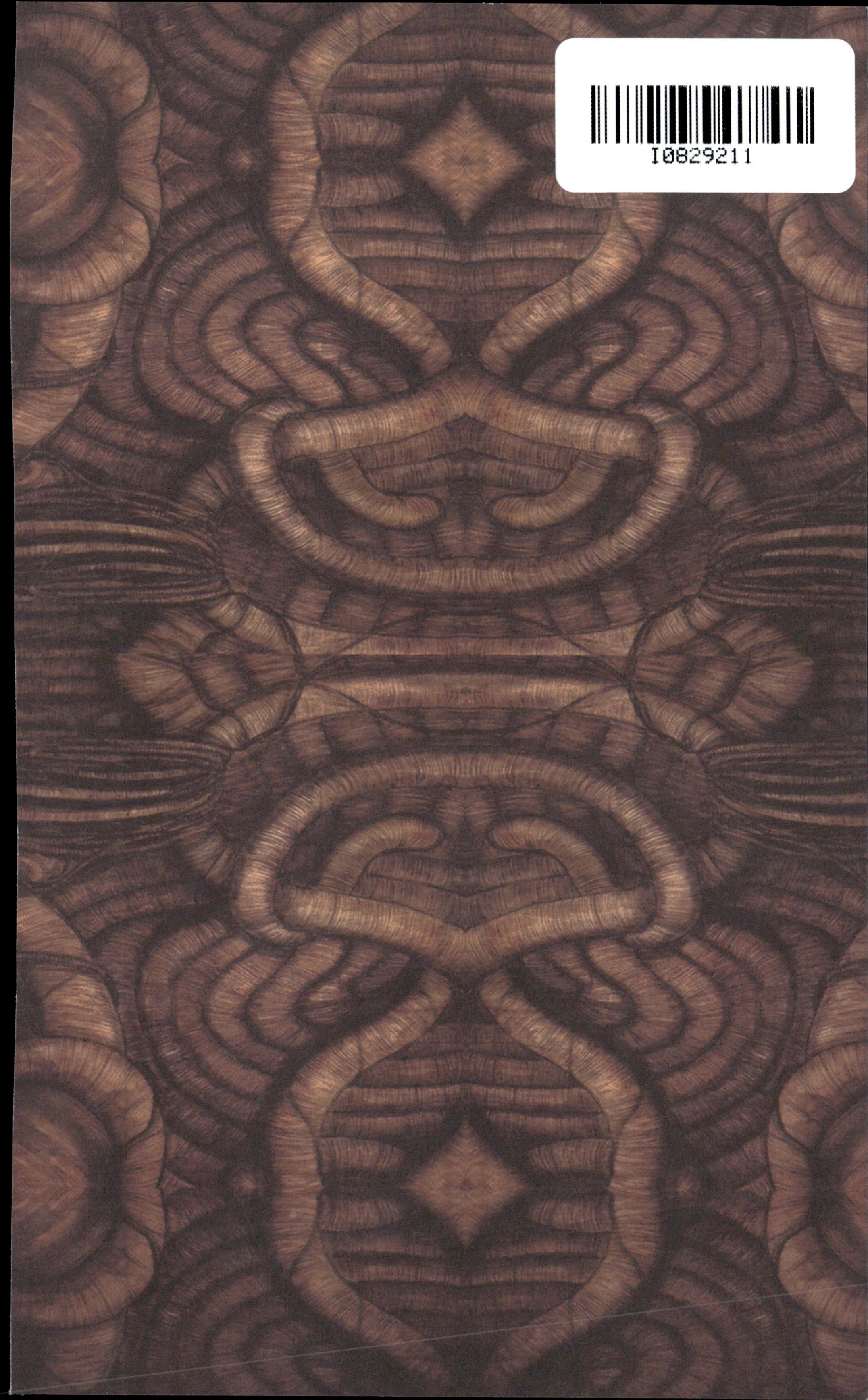
I0829211

ISBN-13: 978-0-9969279-0-1

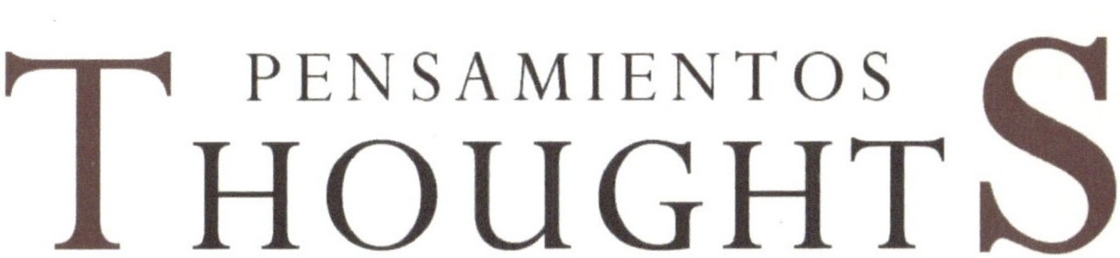

PENSAMIENTOS THOUGHTS

V.1 Part 1

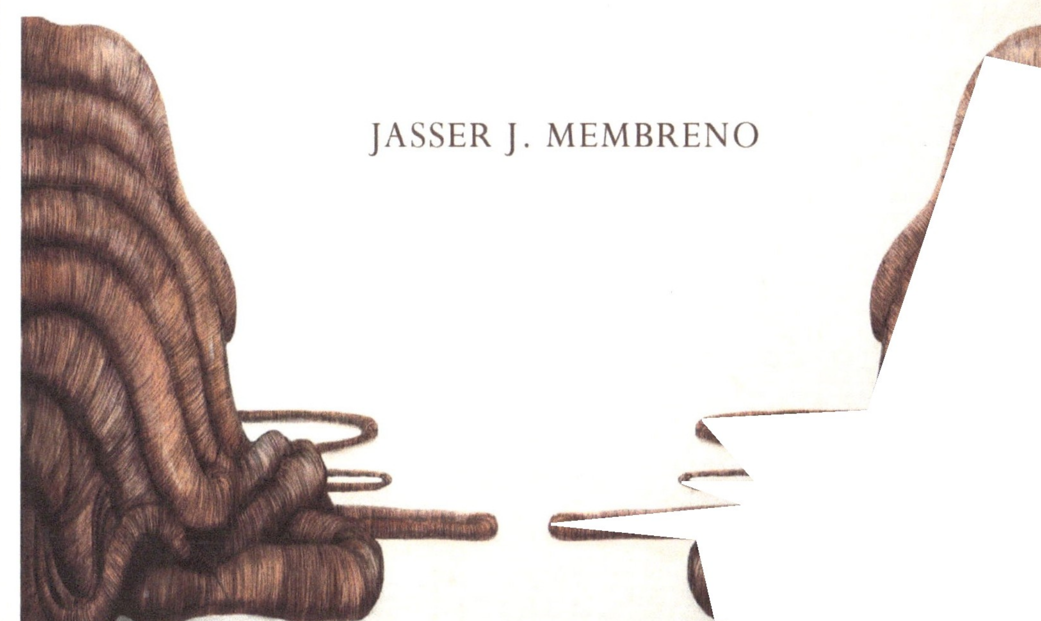

JASSER J. MEMBRENO

for

ale

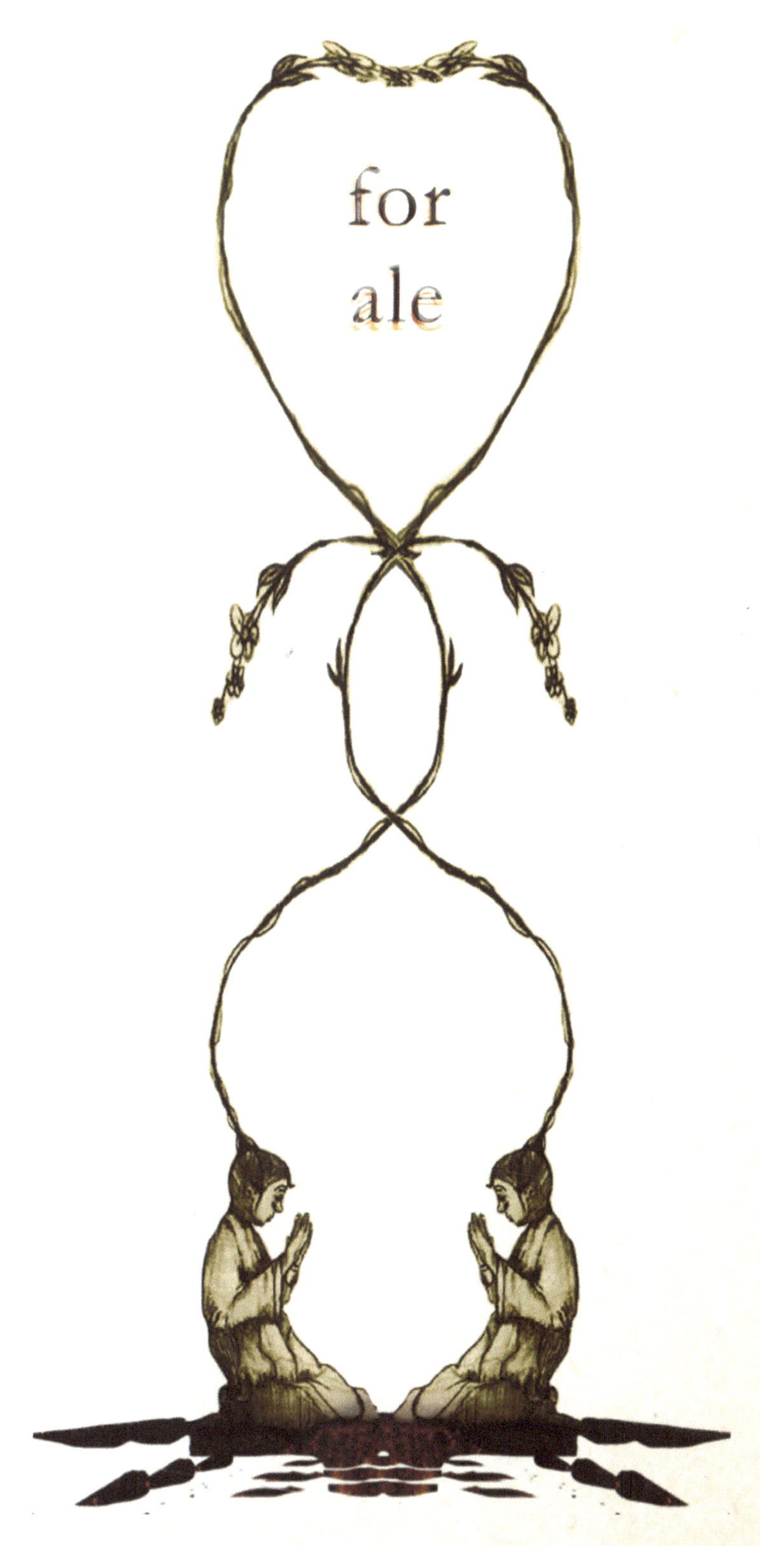

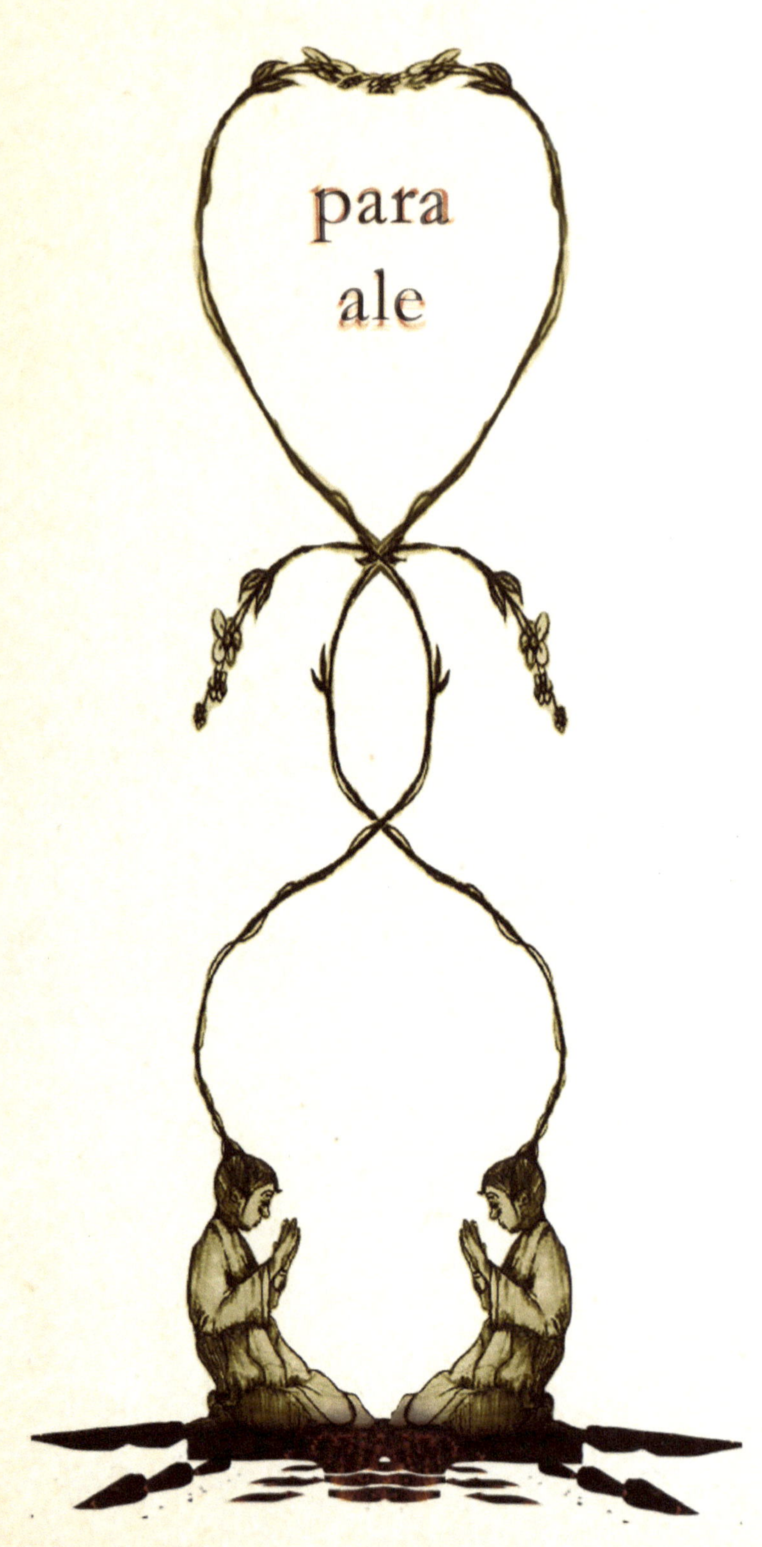
para
ale

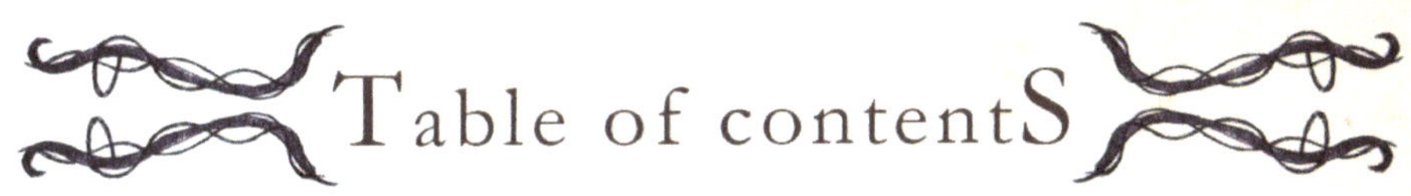

Table of contentS

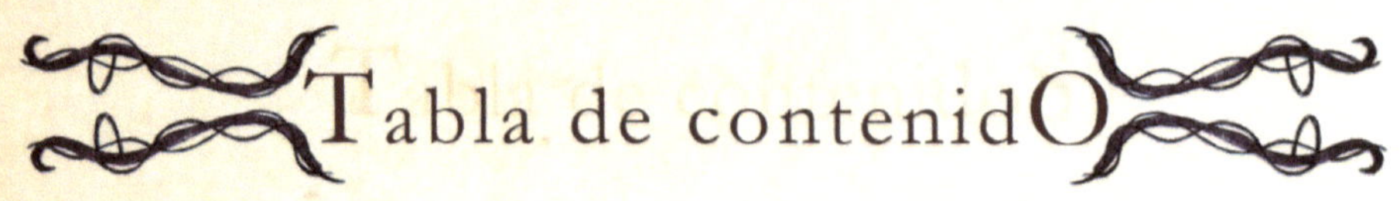

Tabla de contenido

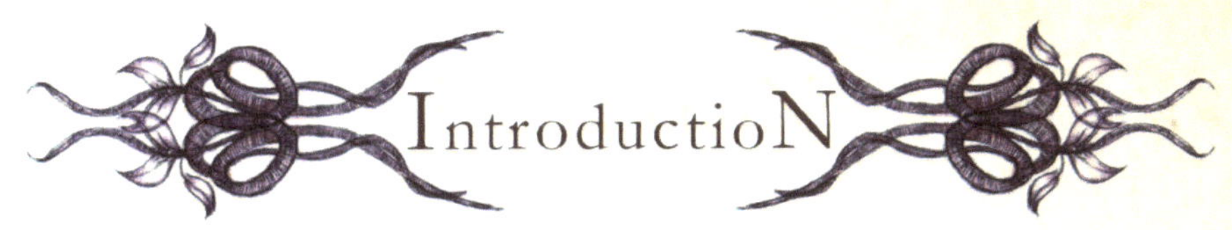

Introduction

We are surrounded by images in our daily life as never before. In Jasser Membreno's beautiful book, *Pensamientos,* he relieves our saturation from the dense mundane and lifts us into the heights of human imagination, on a masterful flight to the world of his unique imagery and abstract poetry. It is a journey through his surrealistic narrative without a narrative, with fantastical creatures--reawakening our imagination from the overexposed visual landscape of our bit-filled times to the thrilling recollection of the reality and absurdity of our dream worlds. He reminds us of the vastness of the human mind.

Just like the delightful young wayfarer of the story, on entering this universe you will often find yourself in two places at once, and equally as often in two languages at once. Translated from English into Spanish, laid side by side, Gloria Alvarez has kept the keen sonic sensibility present in Membreno's pointed poetry, at times coy, at times absurd. The ingenuity in text as well as his imagery reveal his deft poetic hand.

Yet throughout the sensual pleasure of its strange images and jarring, mysterious texts, it asks the same questions we have always asked...the exploration; coming-of-age, existential, whimsical, overwrought...We need it.

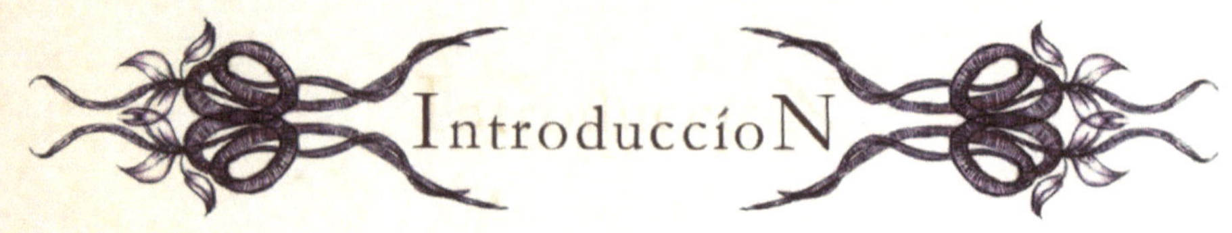

IntroduccíoN

Estamos rodeados de imágenes como nunca antes en nuestra vida diaria. El libro hermoso de Jasser Membreño, *Pensamientos*, alivia nuestra saturación de lo mundano y nos eleva a las alturas de la imaginación humana; un vuelo magistral al mundo de sus imágenes inigualable y poesía abstracta. Es un viaje a través de su narrativa surrealista de criaturas fantásticas--despertando nuestra imaginación superando el paisaje visual sobreexpuesto hacia el recuerdo emocionante de la realidad y lo absurdo de nuestro mundo de suenos. Nos recuerda a la inmensidad de la mente humana.

Al igual que el caminante encantador del cuento, al entrar este universo a menudo se encontrará en dos lugares a la vez e, igualmente tan a menudo, en dos idiomas a la vez. Traducido de Inglés a Español, ambos puesto lado a lado, Gloria Alvarez ha mantenido la sensibilidad sonica presente en la poesía de Jasser Membreño; a veces tímida, a veces absurdo. Lo ingenio en texto, así como las imágenes, demuestran lo habil de su mano poética.

Sin embargo a lo largo de todo el placer sensual de sus extrañas imágenes y textos discordantes y misteriosos, busca contestar eso que siempre hemos preguntado… la exploración; la mayoria de edad, existencial, caprichosa, alterado...lo necesitamos.

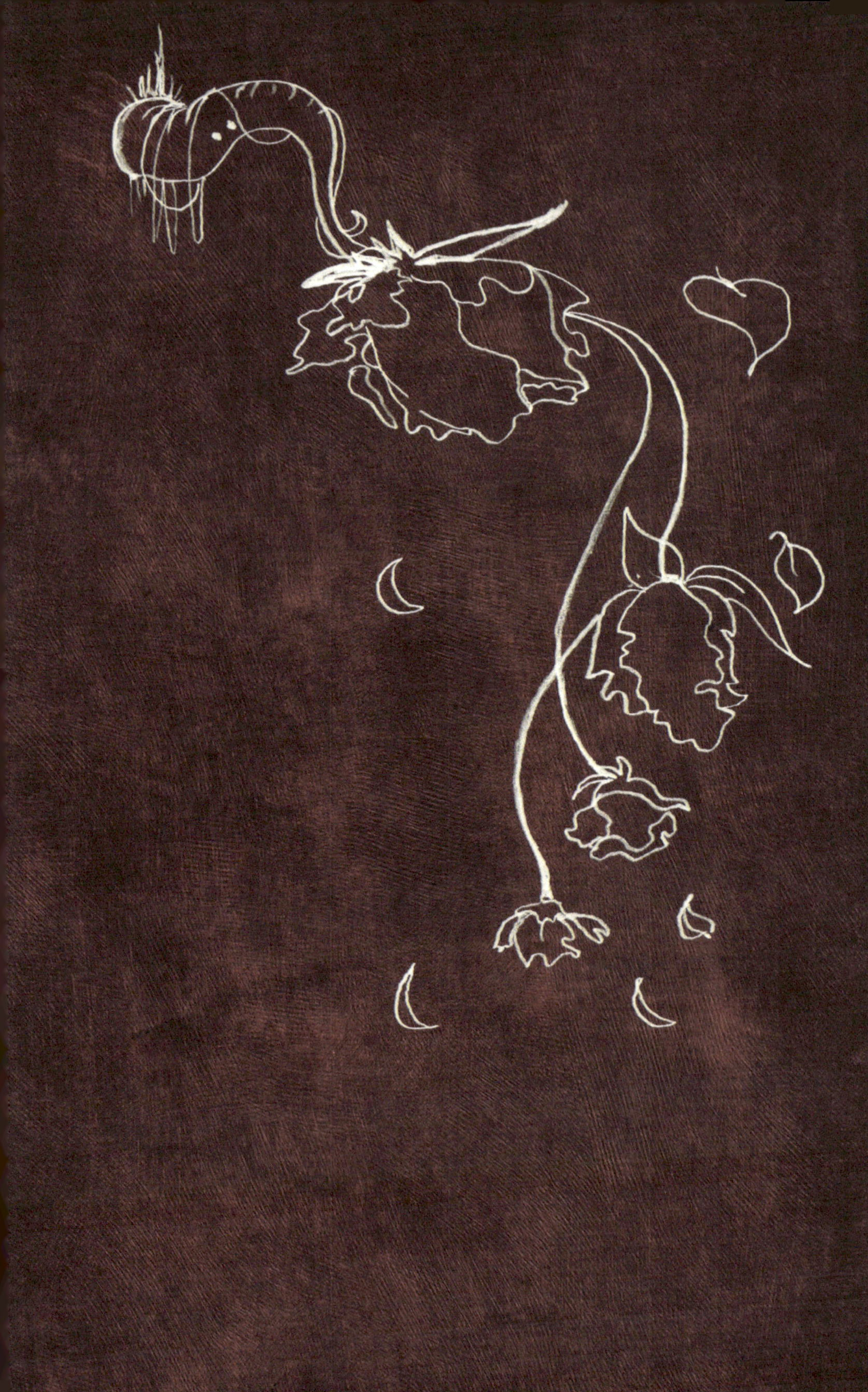

"I try not to paint
a beautiful image..."

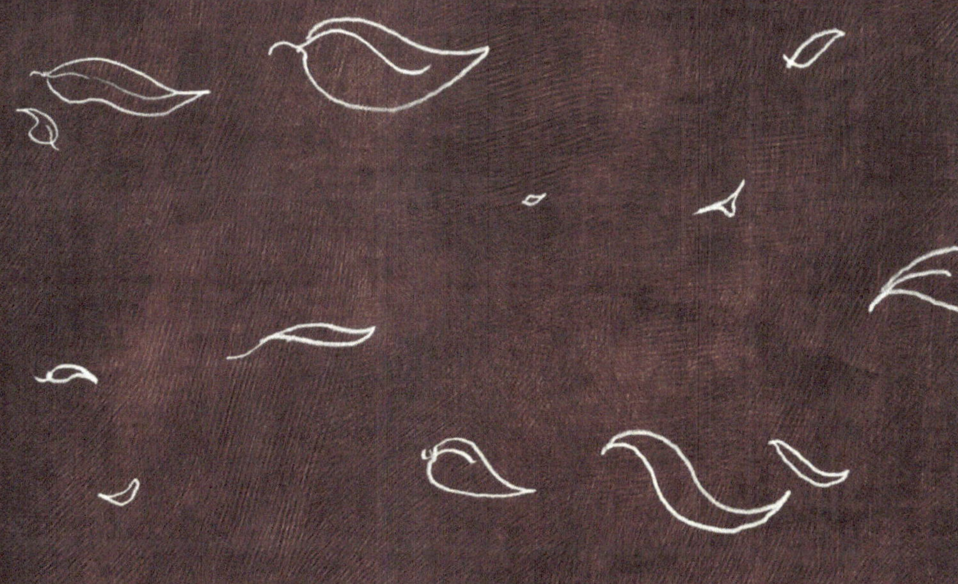

"Trato de no pintar
una imagen hermosa..."

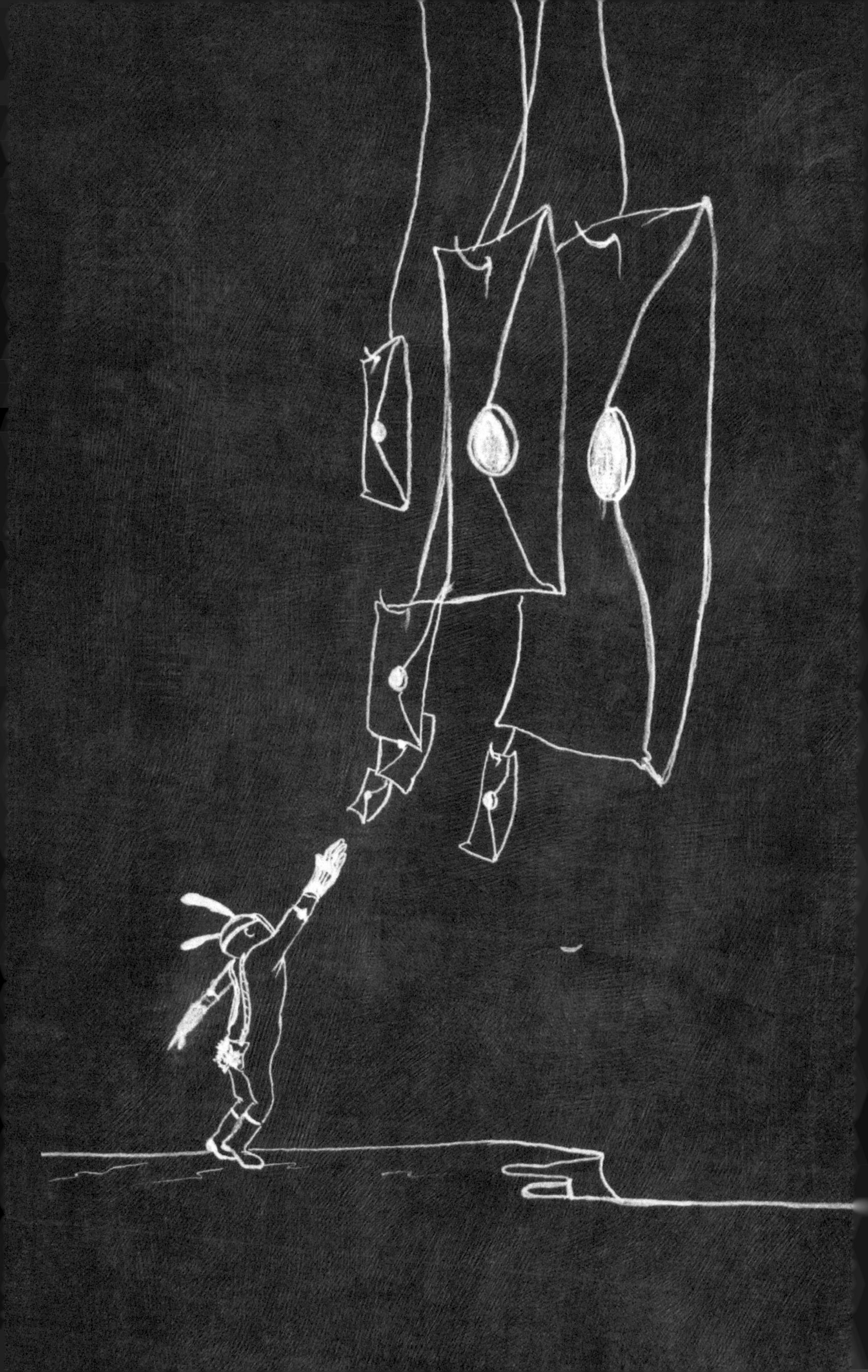

An invitation to enter.

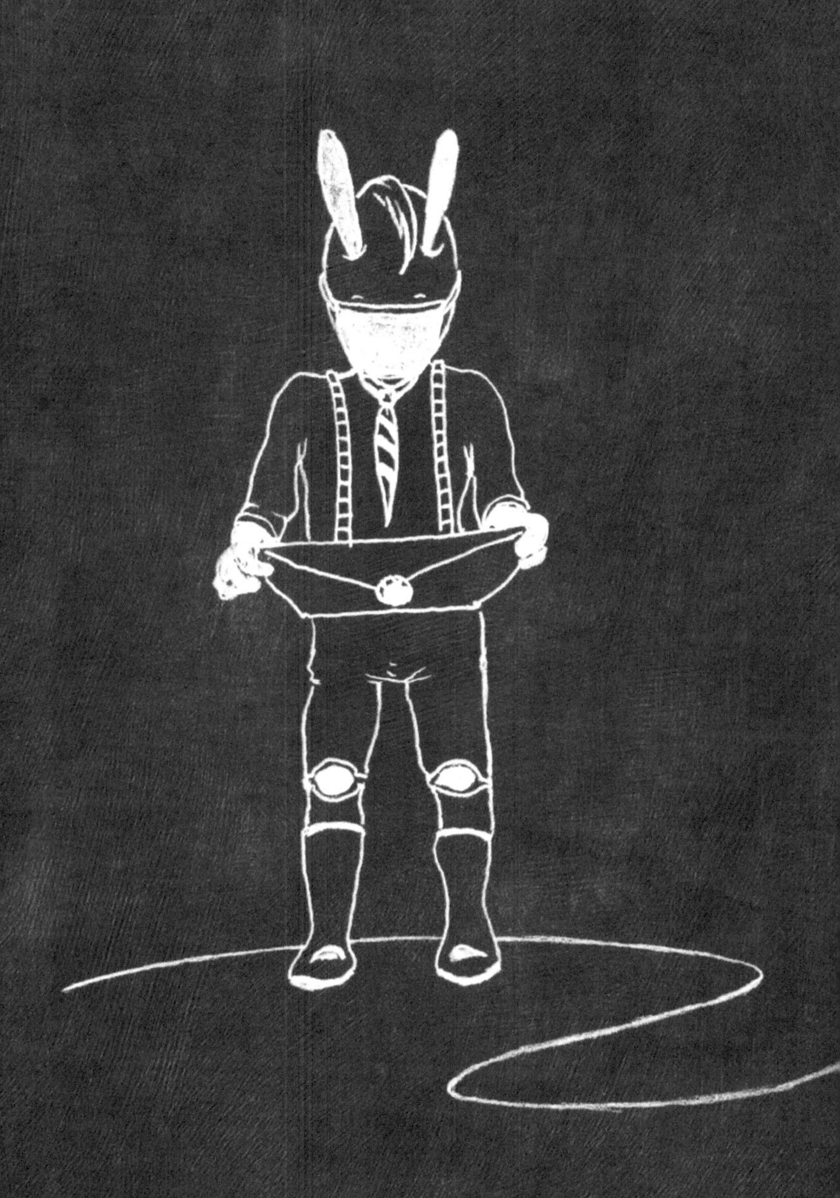

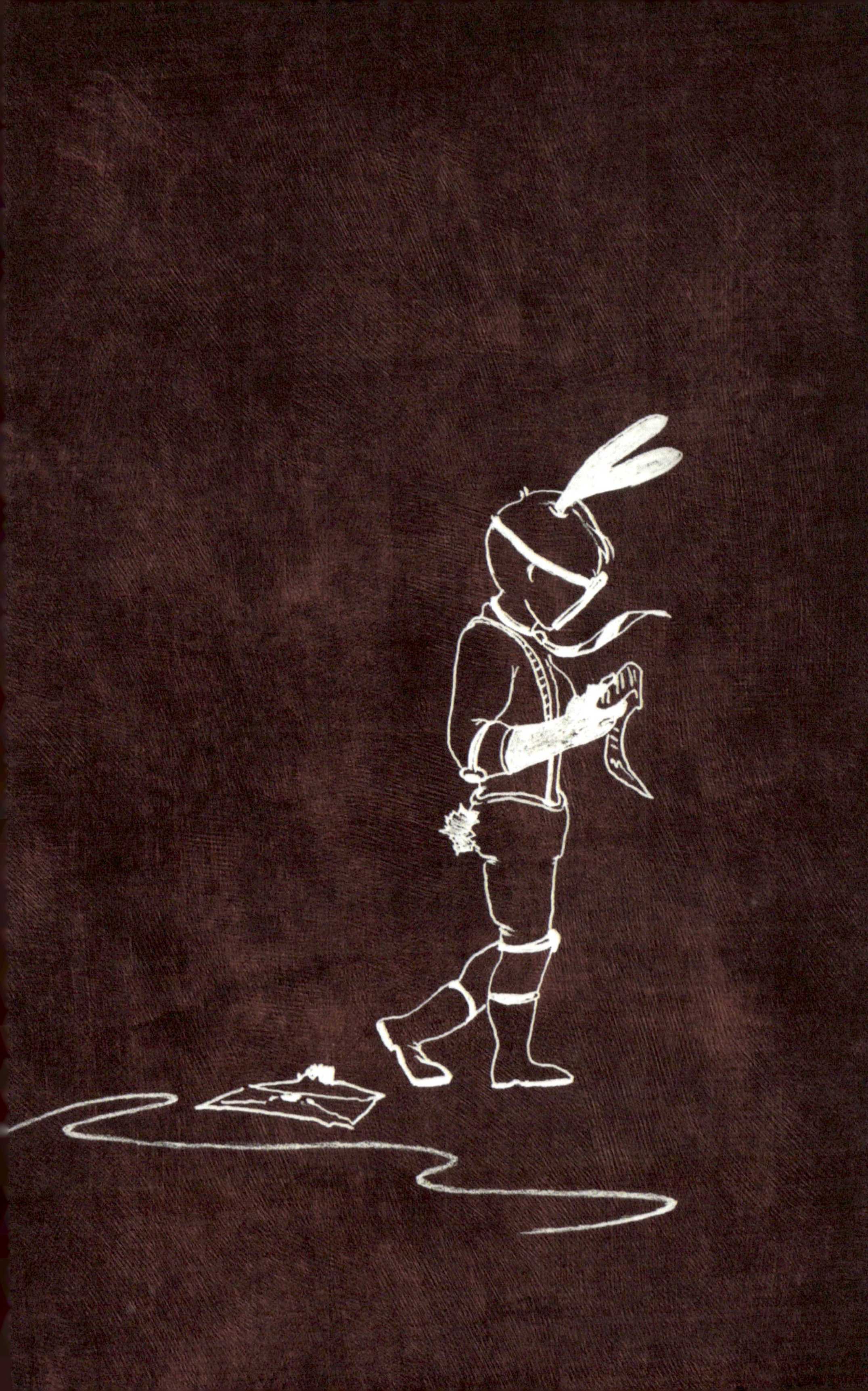

Una invitasion para entrar.

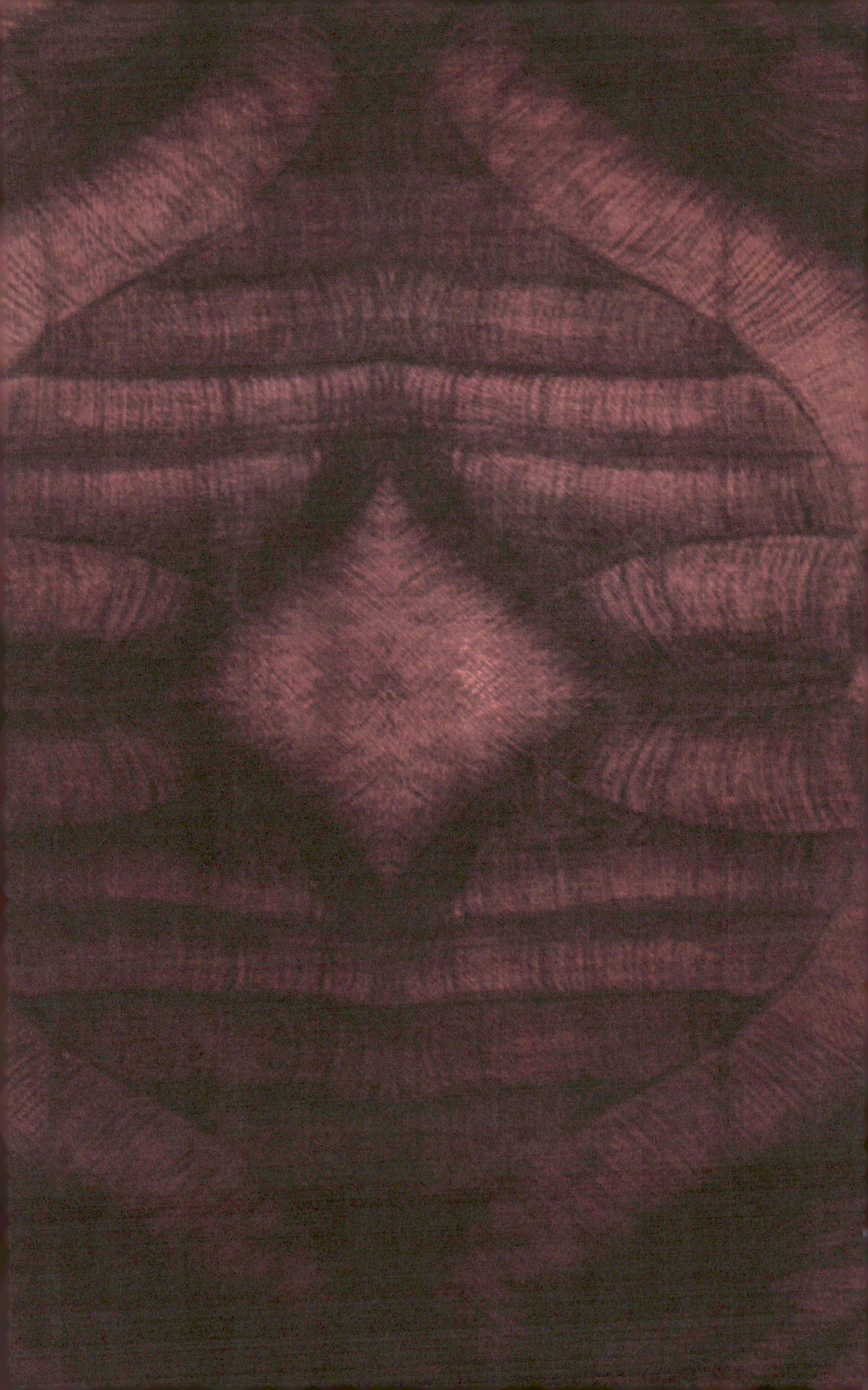

1

The Begninnig

El Inicio

the beginning

I have only a few days of a waking life,
Cyber lungs filled with human air.
Mortal canvas large,
These thoughts too small.
I have only a few days of waking life,
Human air.

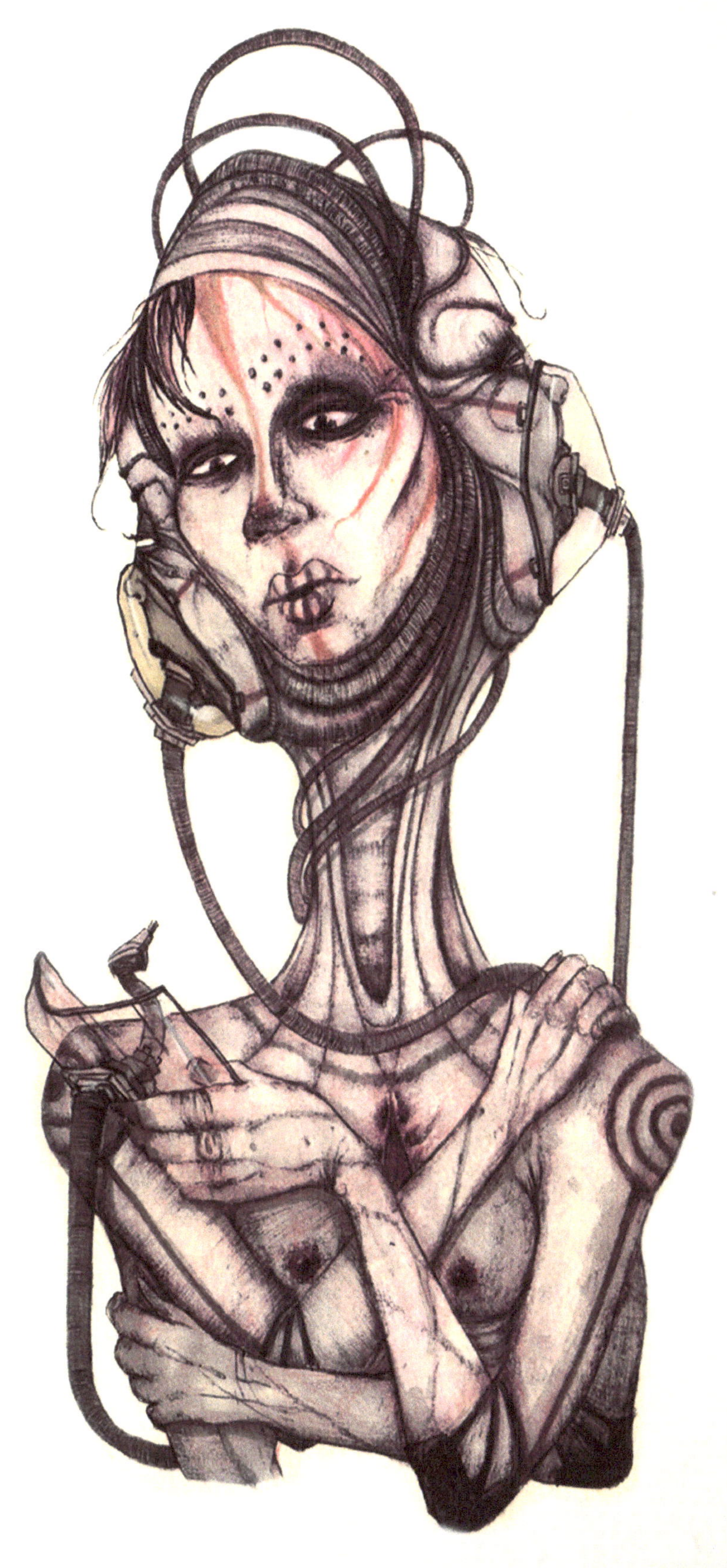

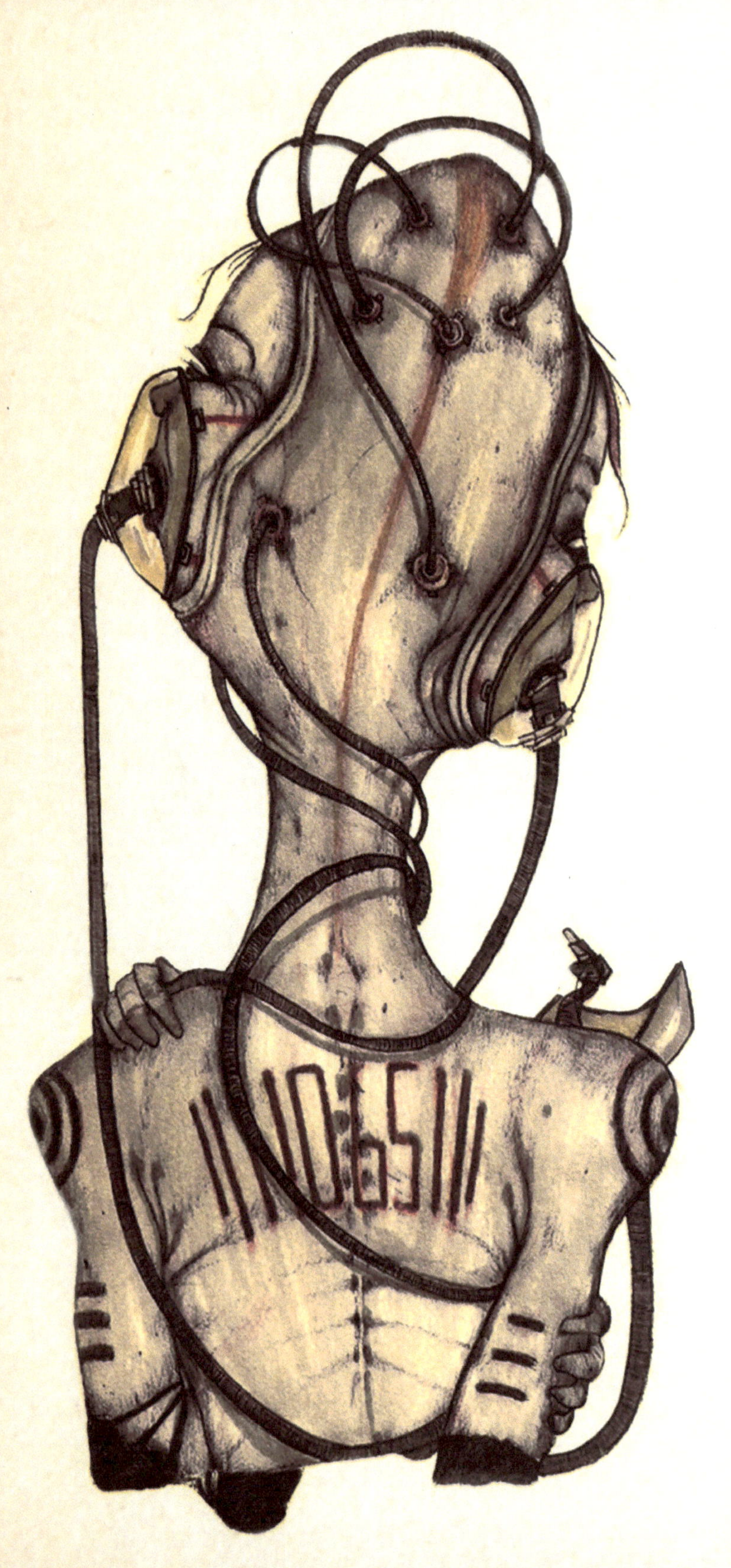
10651

eL iniciO

Tengo poco días de vida despierta,
Pulmones cibernéticos llenos de aire humano.
Lienzo mortal grande,
Muy pequeños estos pensamientos.
Tengo poco días de vida despierta,
Aire Humano.

Vrrrrrrmmmm.

Ignition

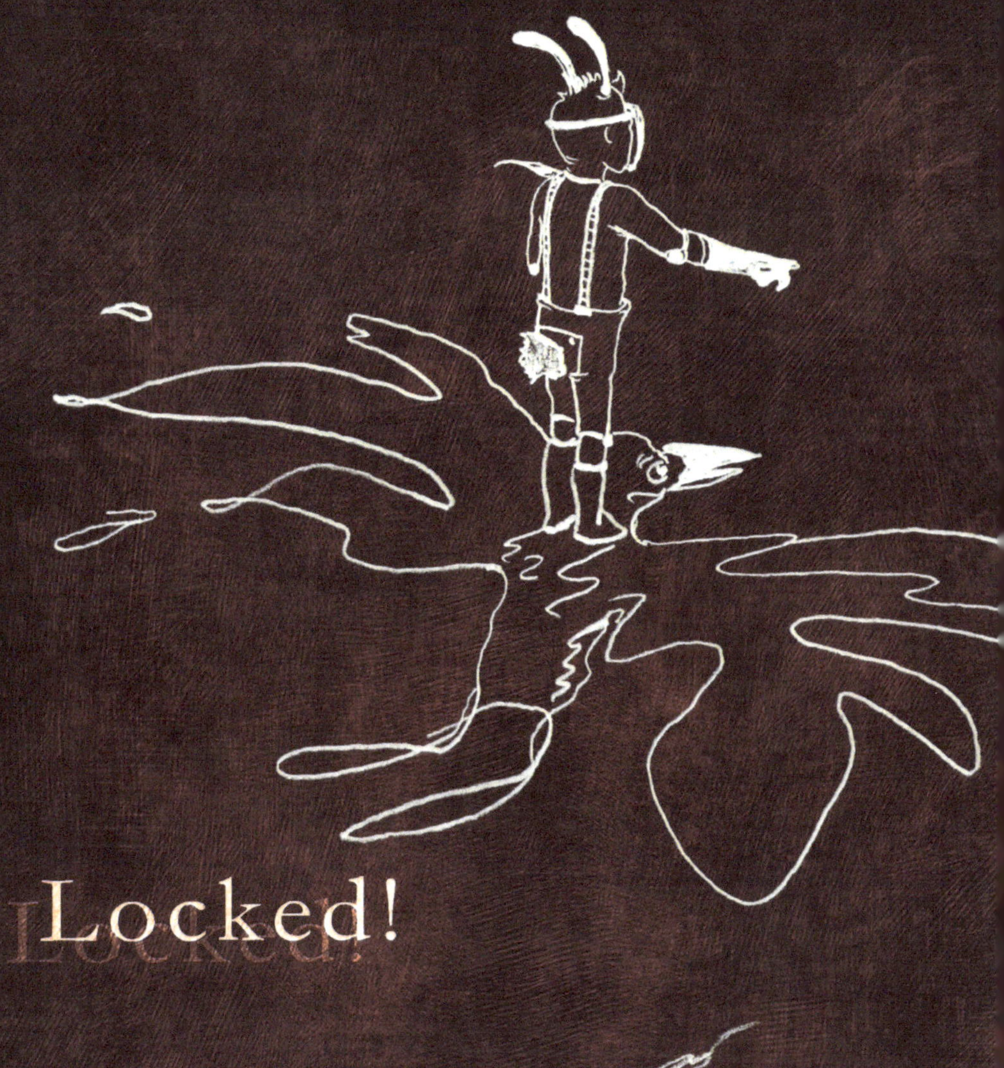

Locked!

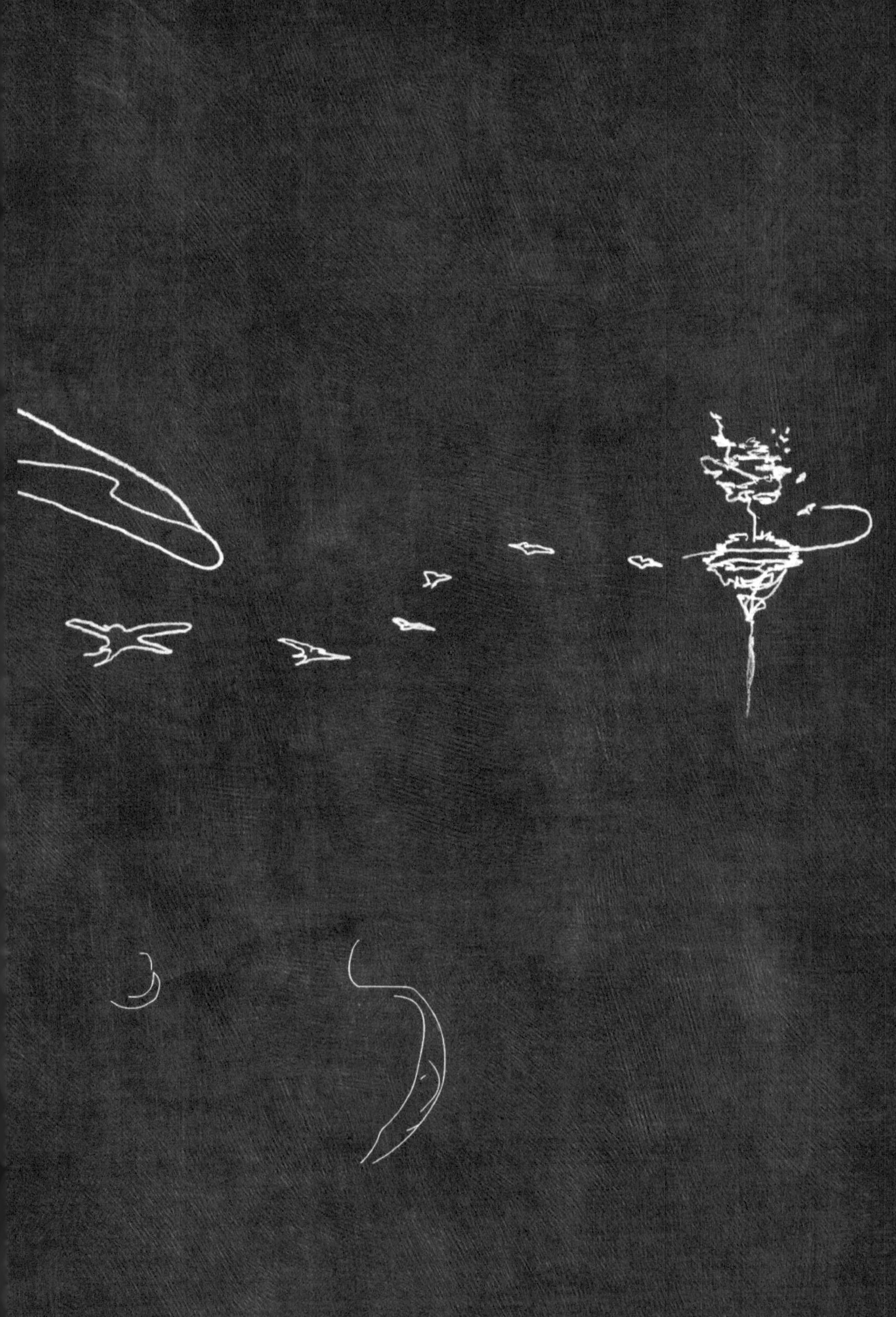

vrrrrrrmmmmm.

¡Ignición Cerrada!

Morning racE

Holding heart's laughter,
Cupped within these giant hands.

"Are we ready for war?"
"We can throw much further, damn alien!"

Shift gaze, double digits, clutch madness,
Steady the dance of rusted spear,
Peaking flower child.

RUN!!!

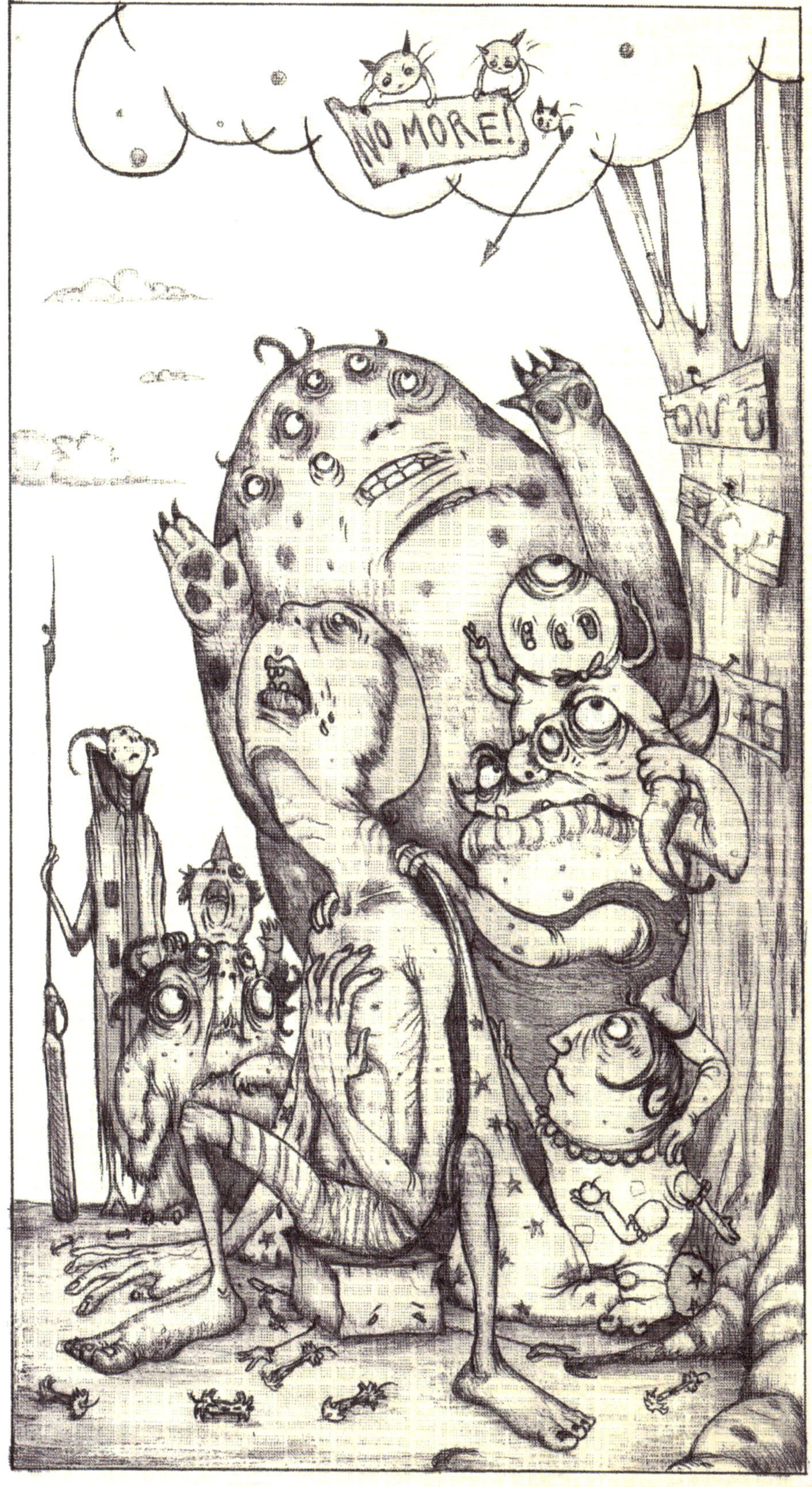
NO MORE!

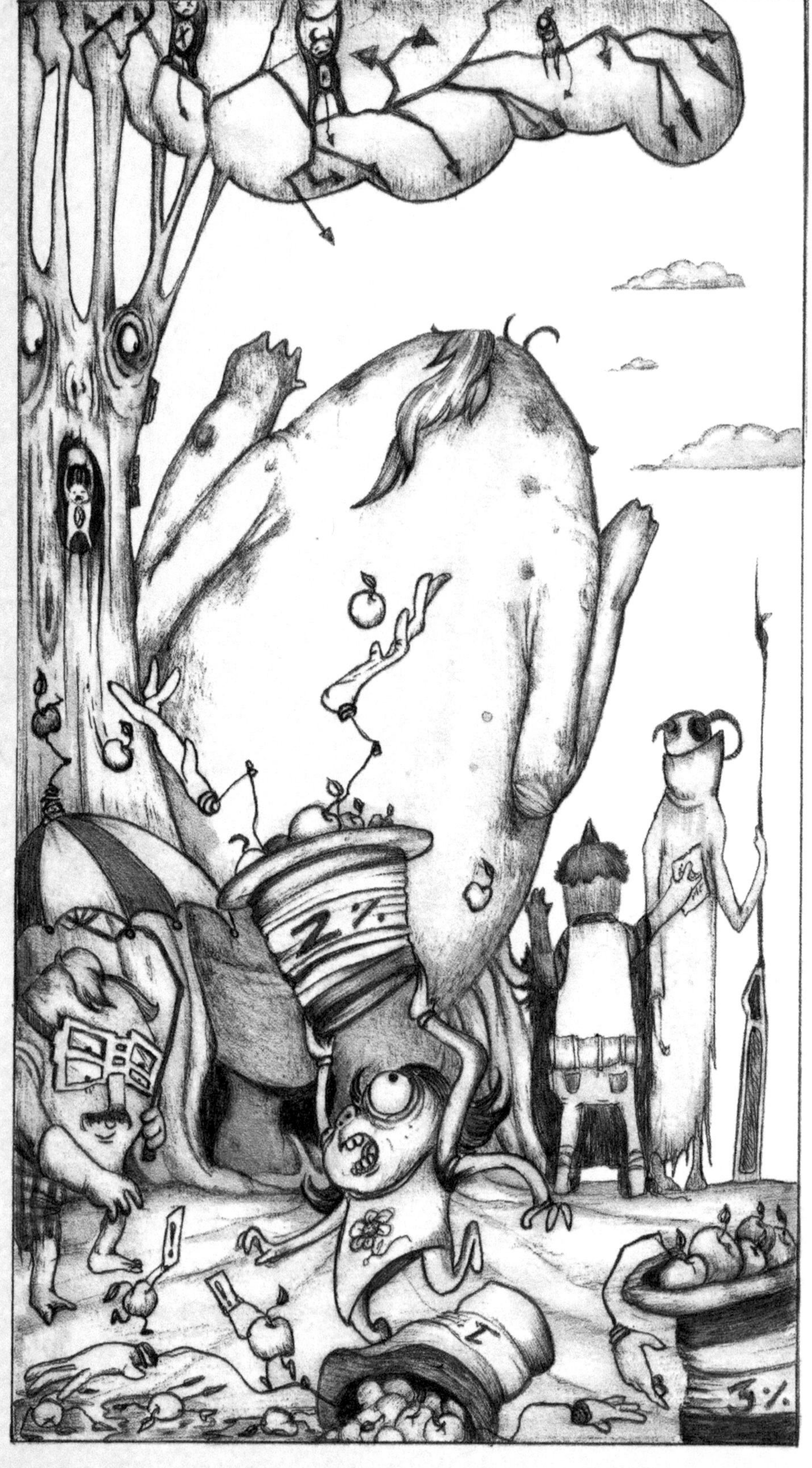
2%
3%

la carerra de la mañana

Celebración del corazón risas,
acopadas dentro de estas manos gigantescas.

"Estamos listos para la guerra?"
"Podemos lanzar mucho más allá, maldito extraterrestre!"
Cambiar mirada, doblar dígitos, embriagar locura,
La danza constante de oxidada lanza,
Asciende criatura flor.

Corre!!!

Wise...

tour guide

of the existential...

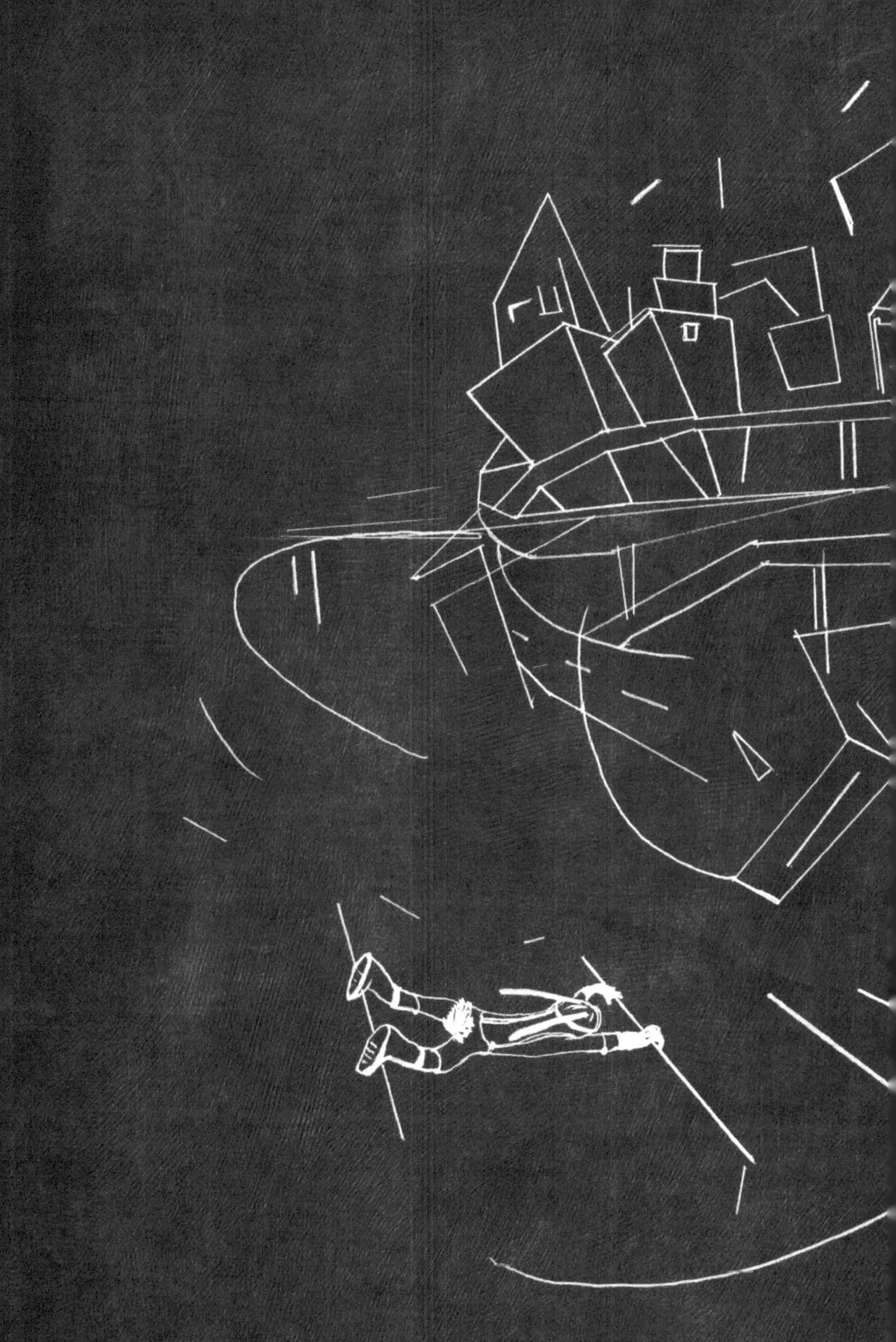

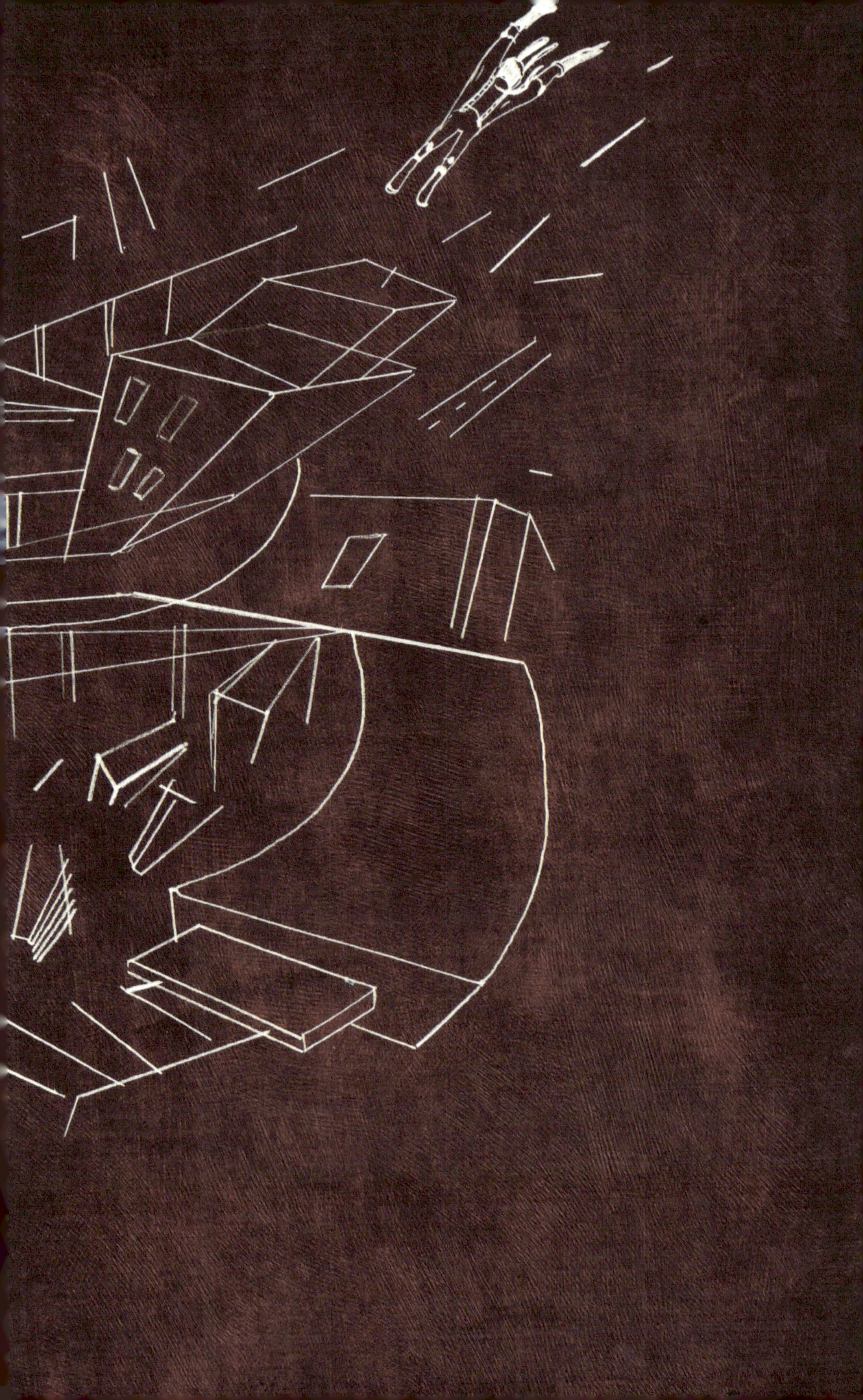

Sabio...

guía del recorrido

de las existencial...

Conceptual man

A man offers us religion and we reject it.
A man offers us cynicism and we applaud him.
A man shows us death and we laugh.

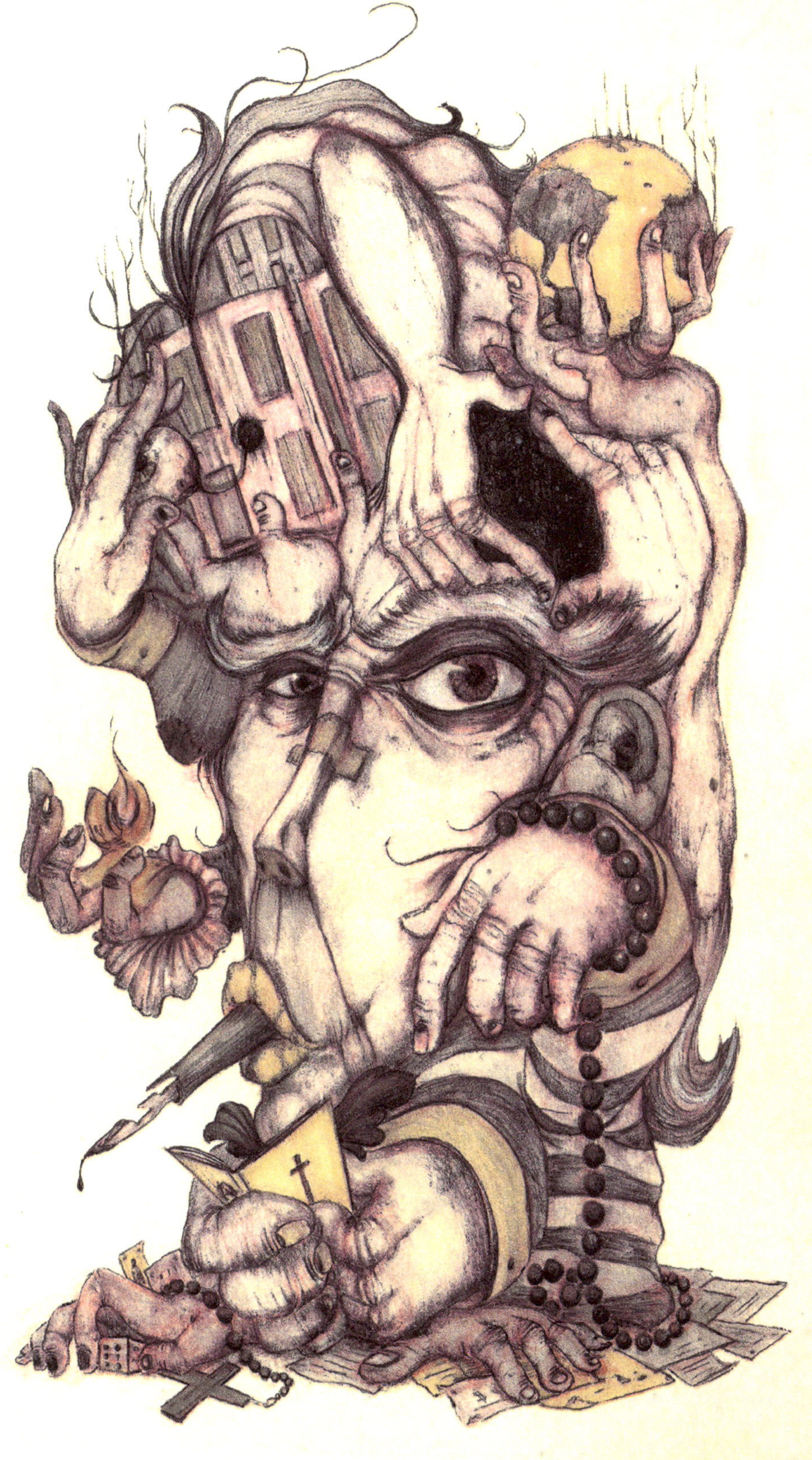

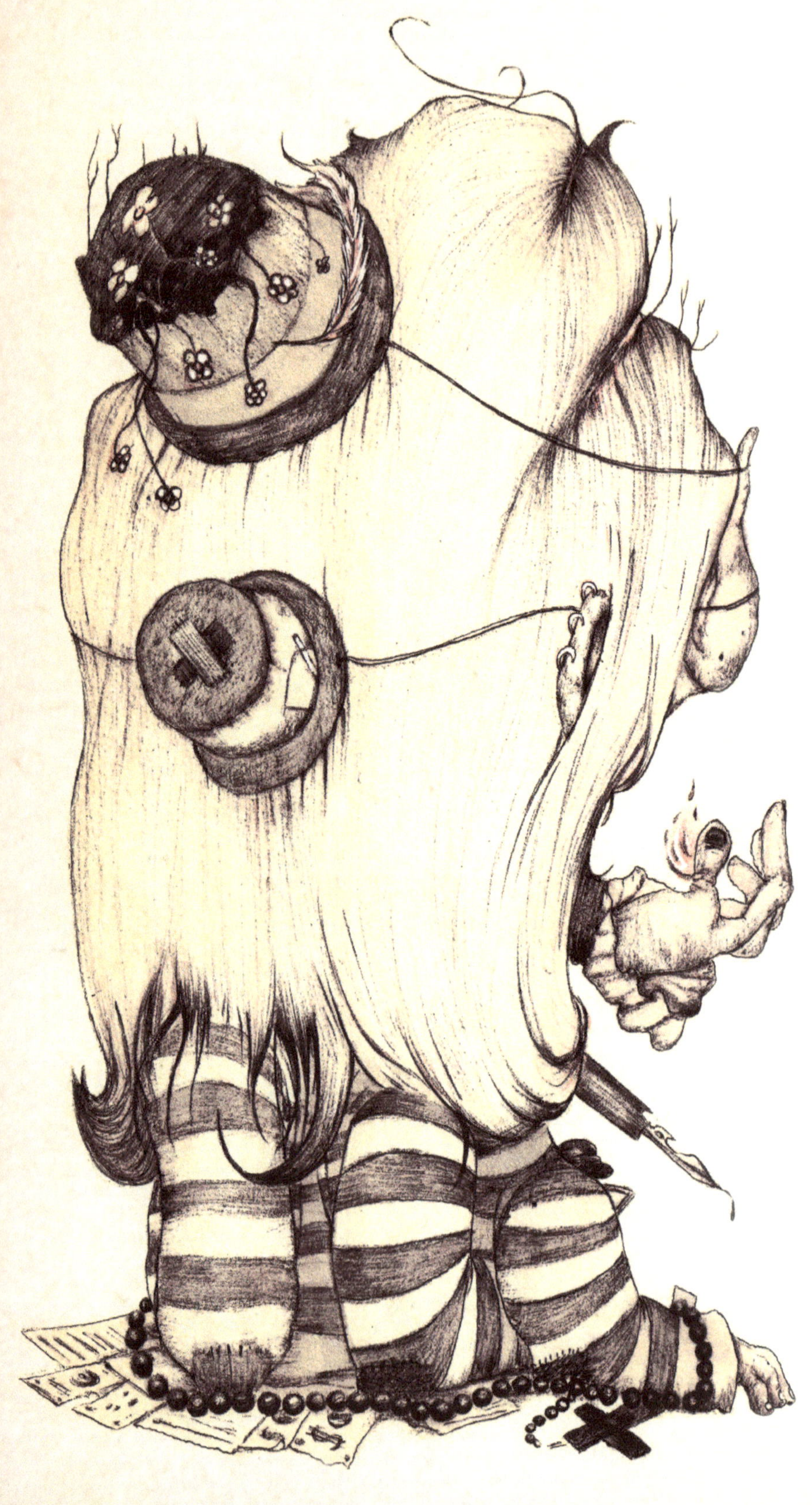

hombre conceptual

Un hombre nos ofrece religión y la rechazamos.
Un hombre nos ofrece el cinismo y le aplaudimos.
Un hombre nos muestra muerte y nos reímos.

Infinity.
Space.
Consequen

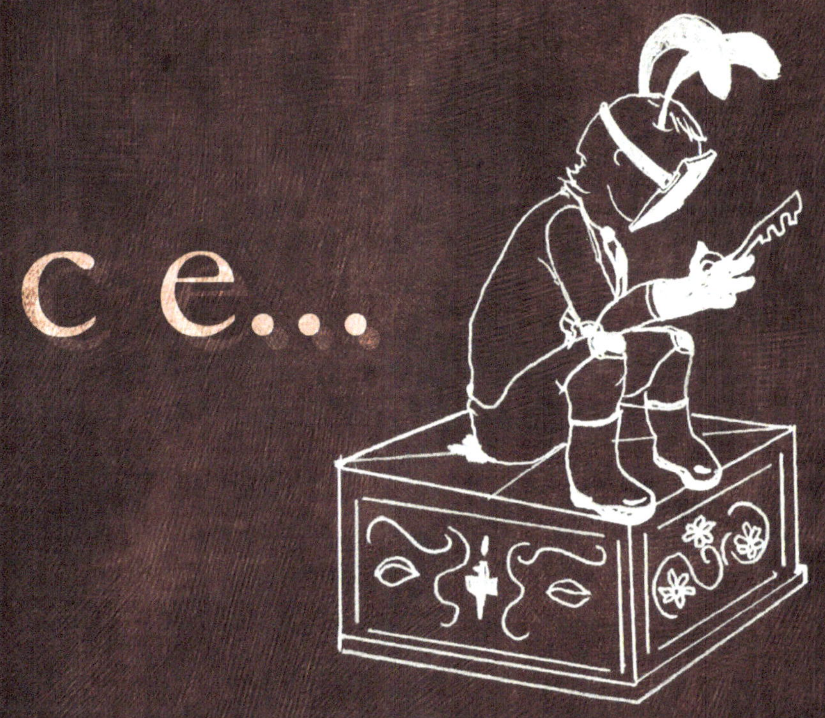
c e...

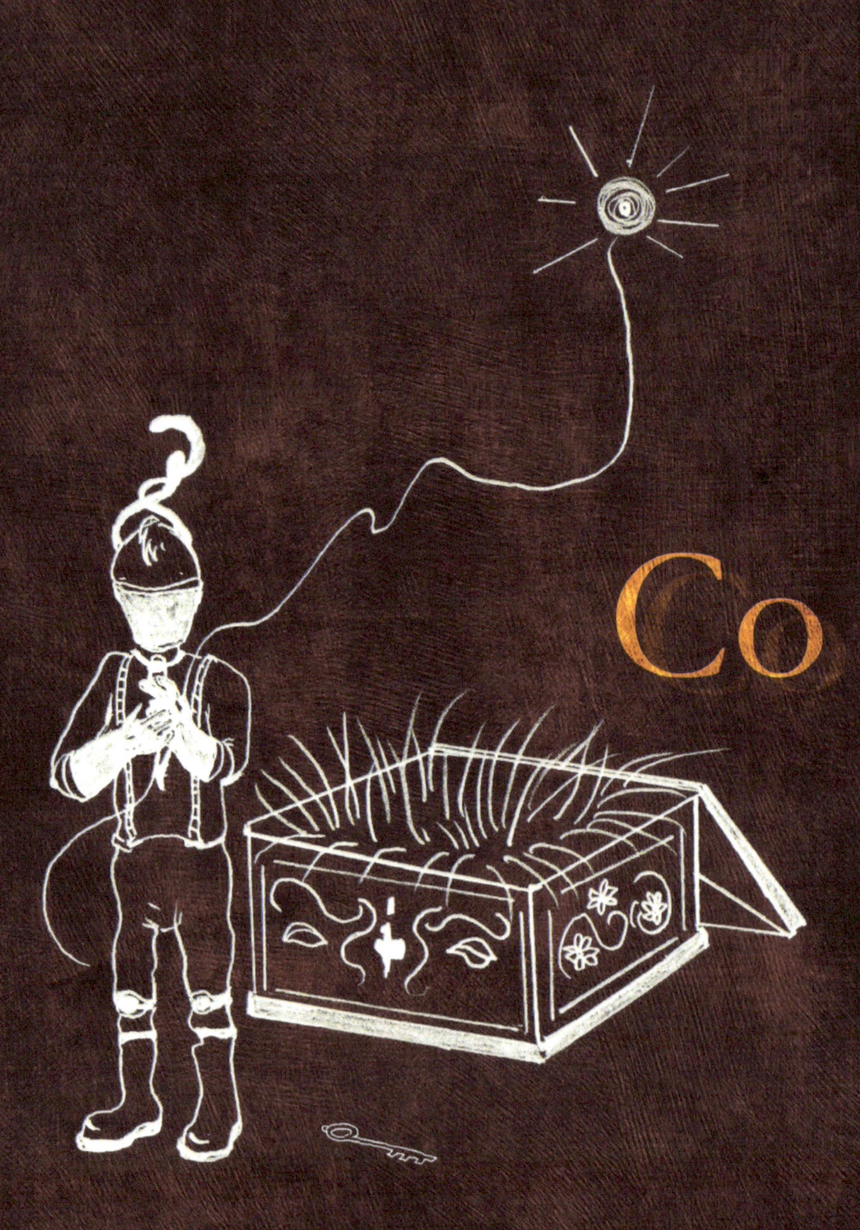
Co

Infinito.

Espacio.

nsecuencia...

blair star

Lonely, dim star show us your pain,
Take control of your galaxy,
You are free.

Without connections; solace of adaptive comfort.
Take a bow,
Shine for us tonight.

They are not laughing at you.
The sun is not your master; the sun is your friend.

Take Control,
Revolt as if to acknowledge your infinite lives...

You are freedom,
You are our star,
Shine.

Give that sparkle; listen to the violin play our song.
Shine for us tonight lonely star.
We are here with you.

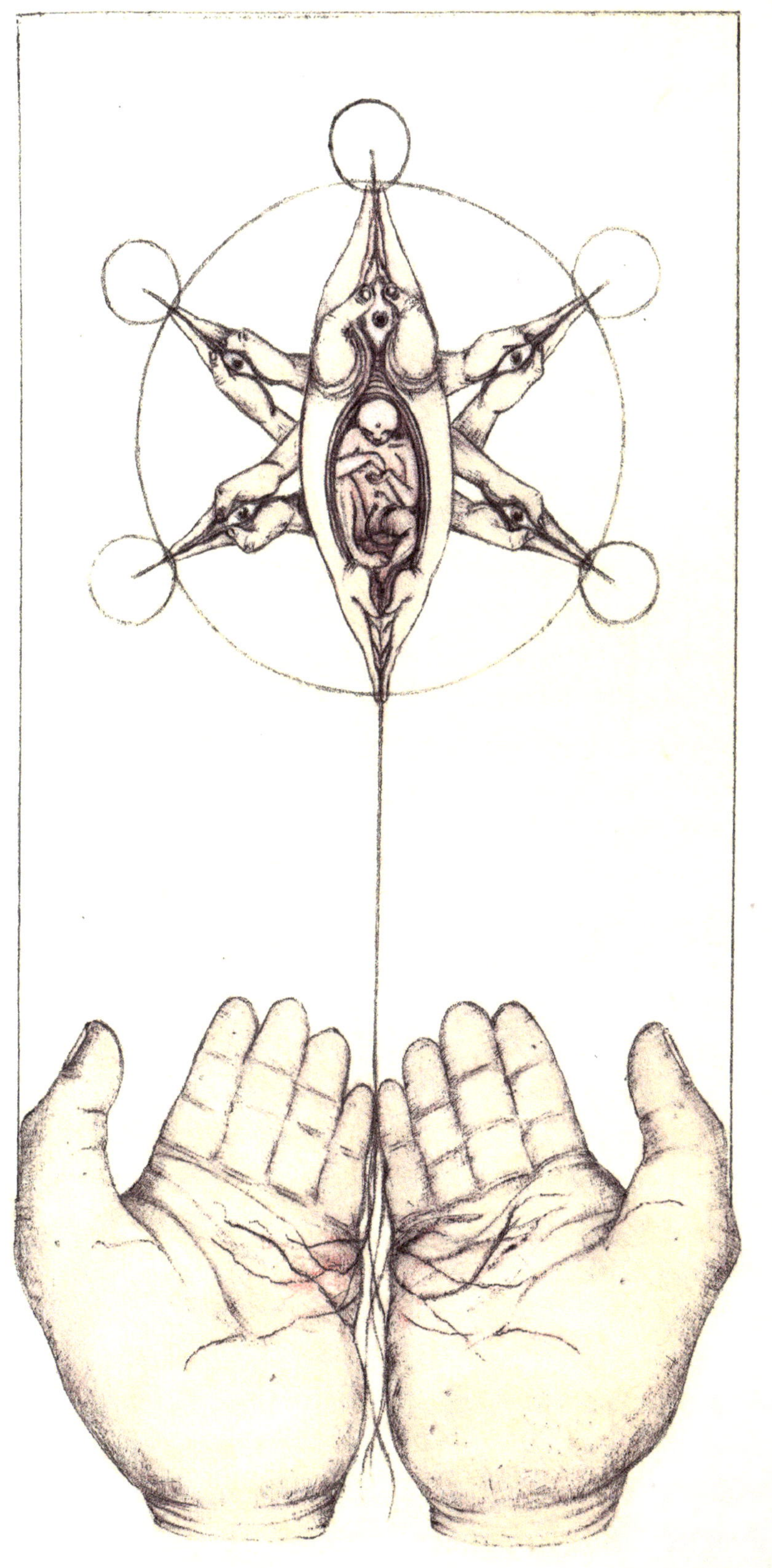

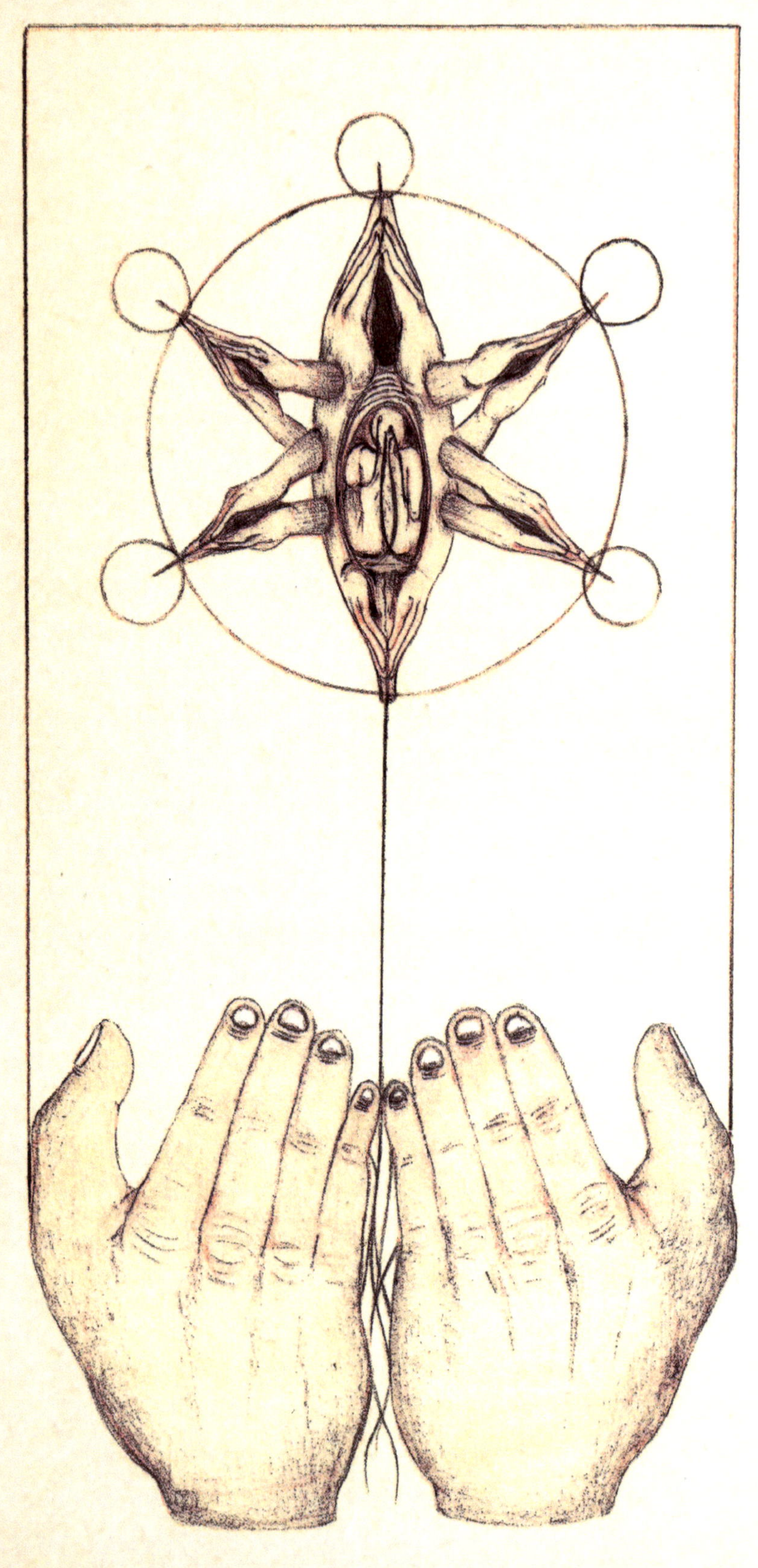

estrella blaire

Solitaria, estrella opaca muéstranos tu dolor,
Tomá el control de tu galaxia,
Eres libre.

Sin conexiones; sola sin consuelo y conforté adaptivo.
Saluda al público,
Brilla por nosotros esta noche.

No se burlan.
El sol no es tu dueño; el sol es tu amigo.

Tomá Control,
Revélate como para reconocer tus infinitas vidas.

Eres libertad,
Tú eres nuestra estrella,
Brilla.

Regálanos tus centellos; escucha el violín tocar nuestra canción.
Brilla para nosotros esta noche solitaria estrella.
Estamos aquí contigo.

Heart blast!

Missed reflections

over town.

Explosión

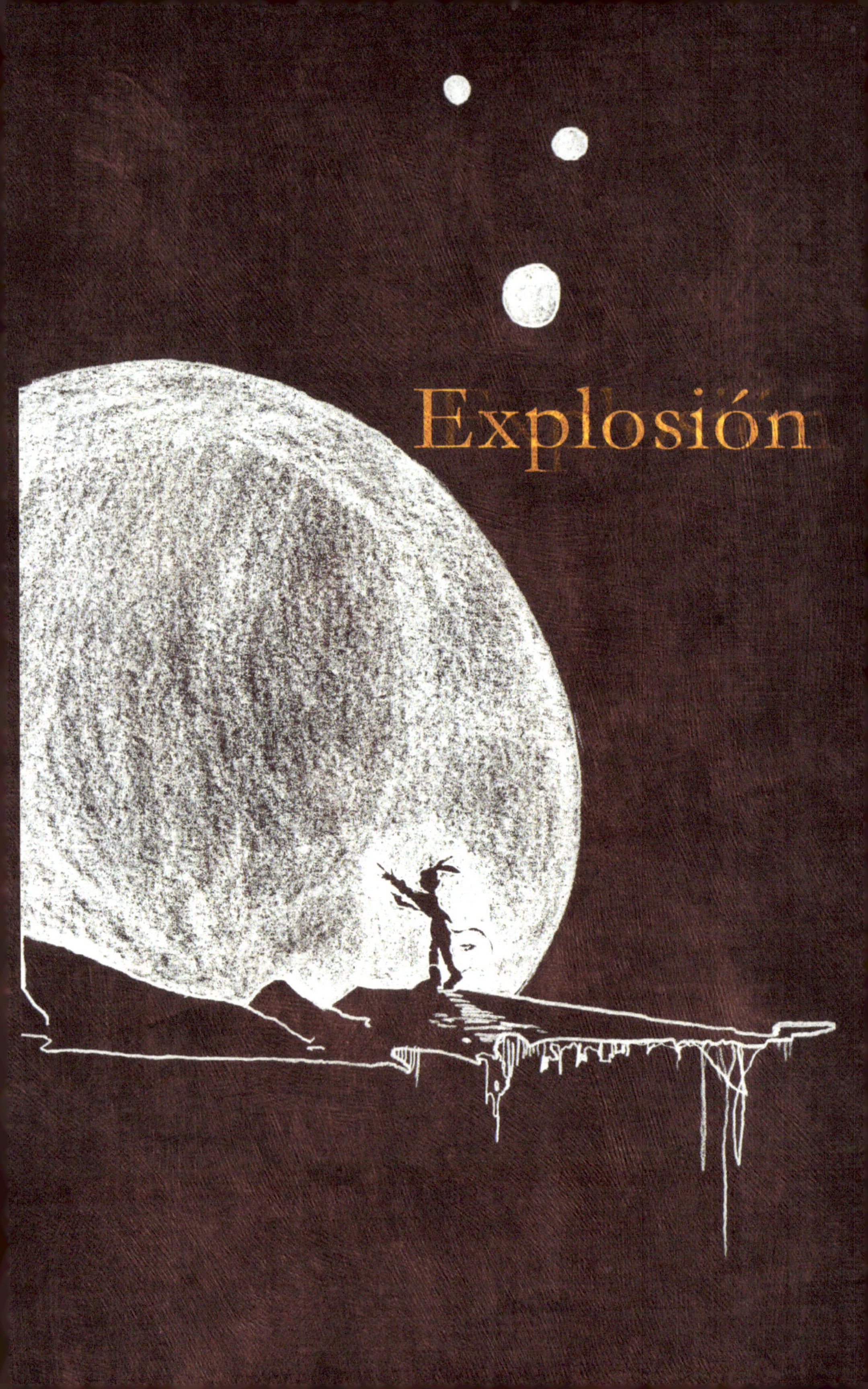

Corazón!

Reflejos **perdidos** sobre el pueblo.

beauty's peak

Golden hair mountain; beauty take control of this life.
Make us real,
Staggering for years.
Rolling up the driest skin sleeve for one last fight,
Black bugs entering through every broken hole.
Creating revolutionary paths.
Hold us back God for we may use this truth again.
"Take us tomorrow."

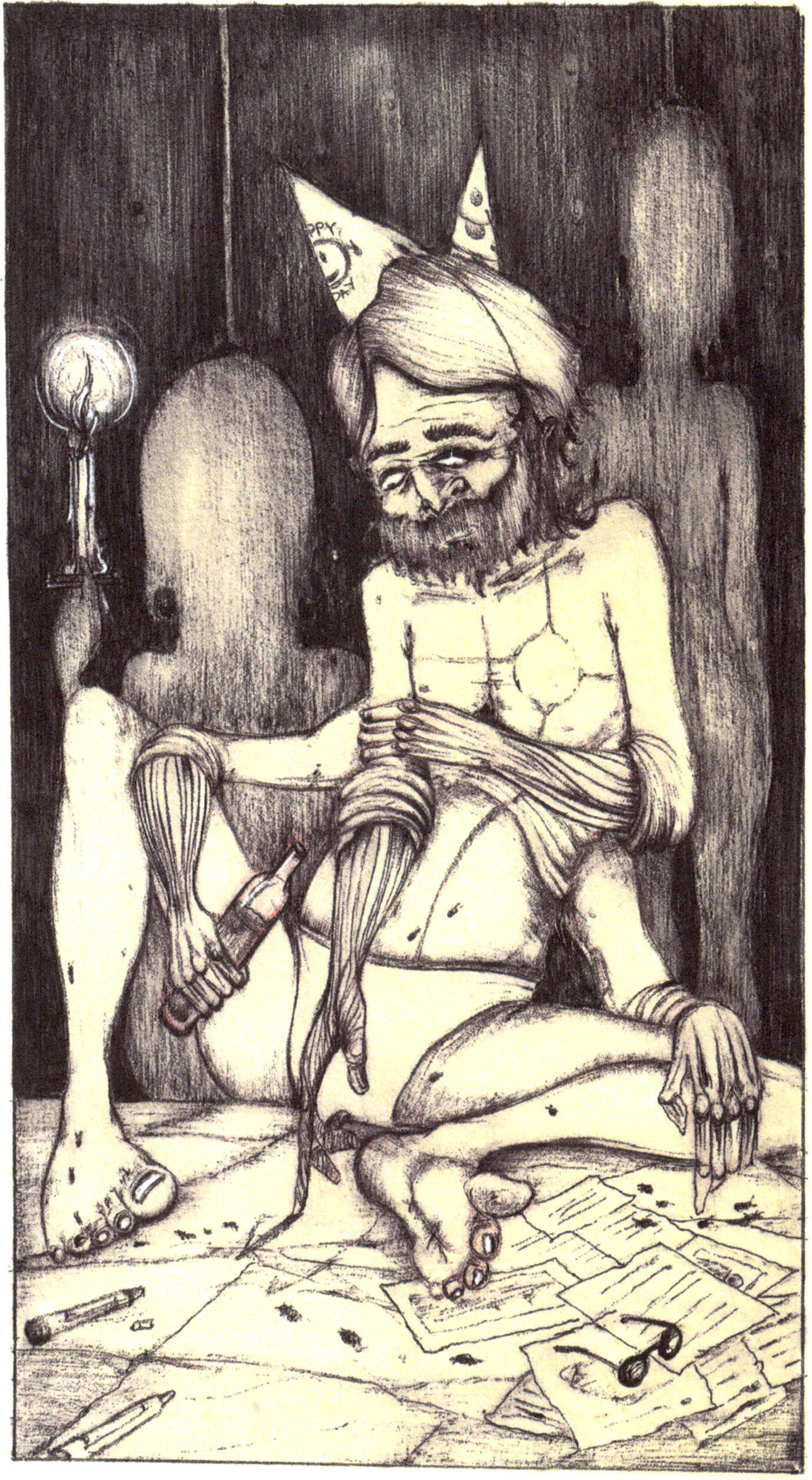

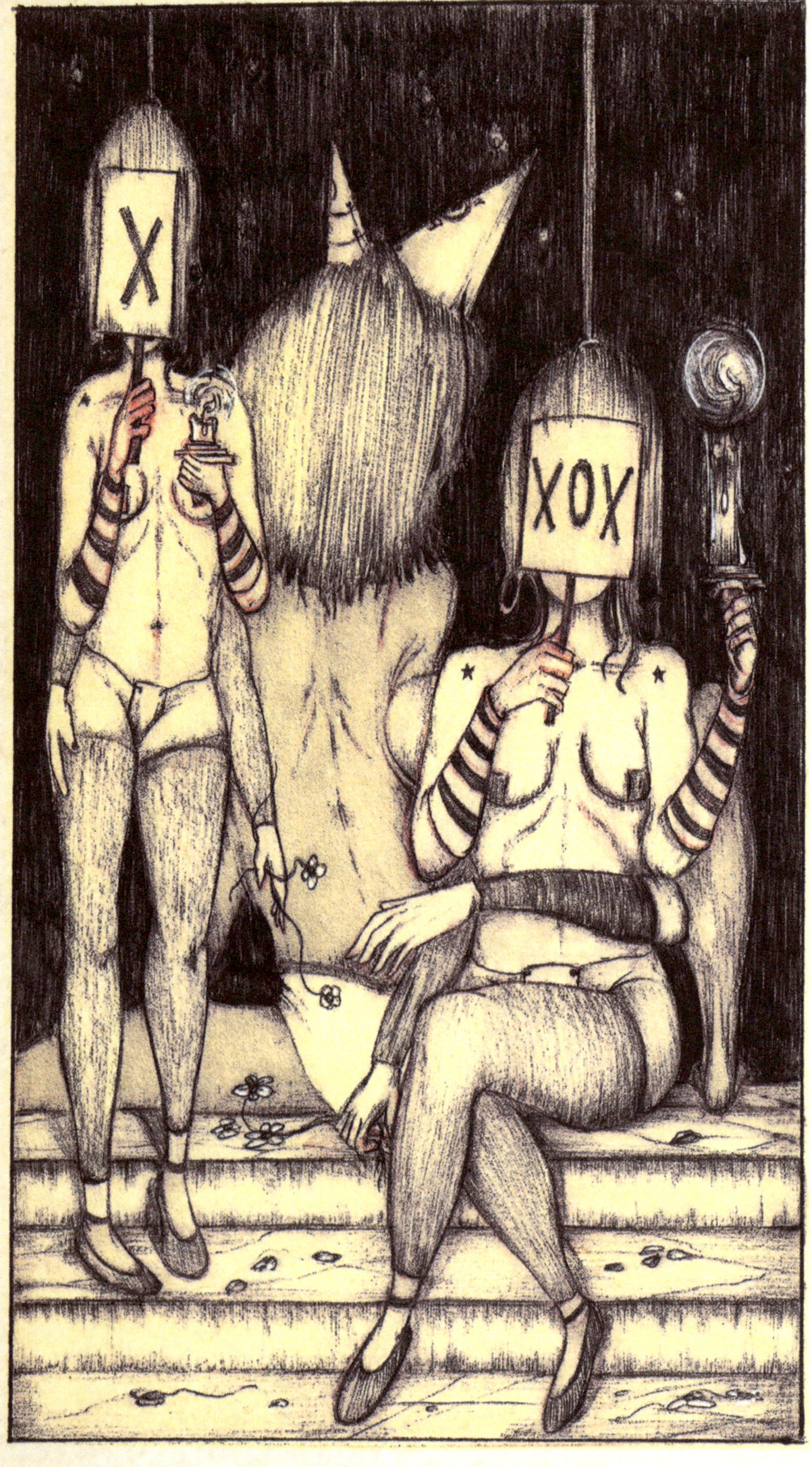
X
XOX

Cima de belleza

Montaña pelo oro; belleza toma control de esta vida,
Haznos reál,
Desbalance de años.
Enrollando la manga de la más seca piel para sobre vivir la última pelea,
Insectos negros entran dentro cada agujero roto.
Creando rutas revolucionarias.
Detiene nos Dios porque podemos usar esta verdad de nuevo.
"Llevanos Mañana."

guilt.

Winding the puzzle of

_ __ __ __ __ ______

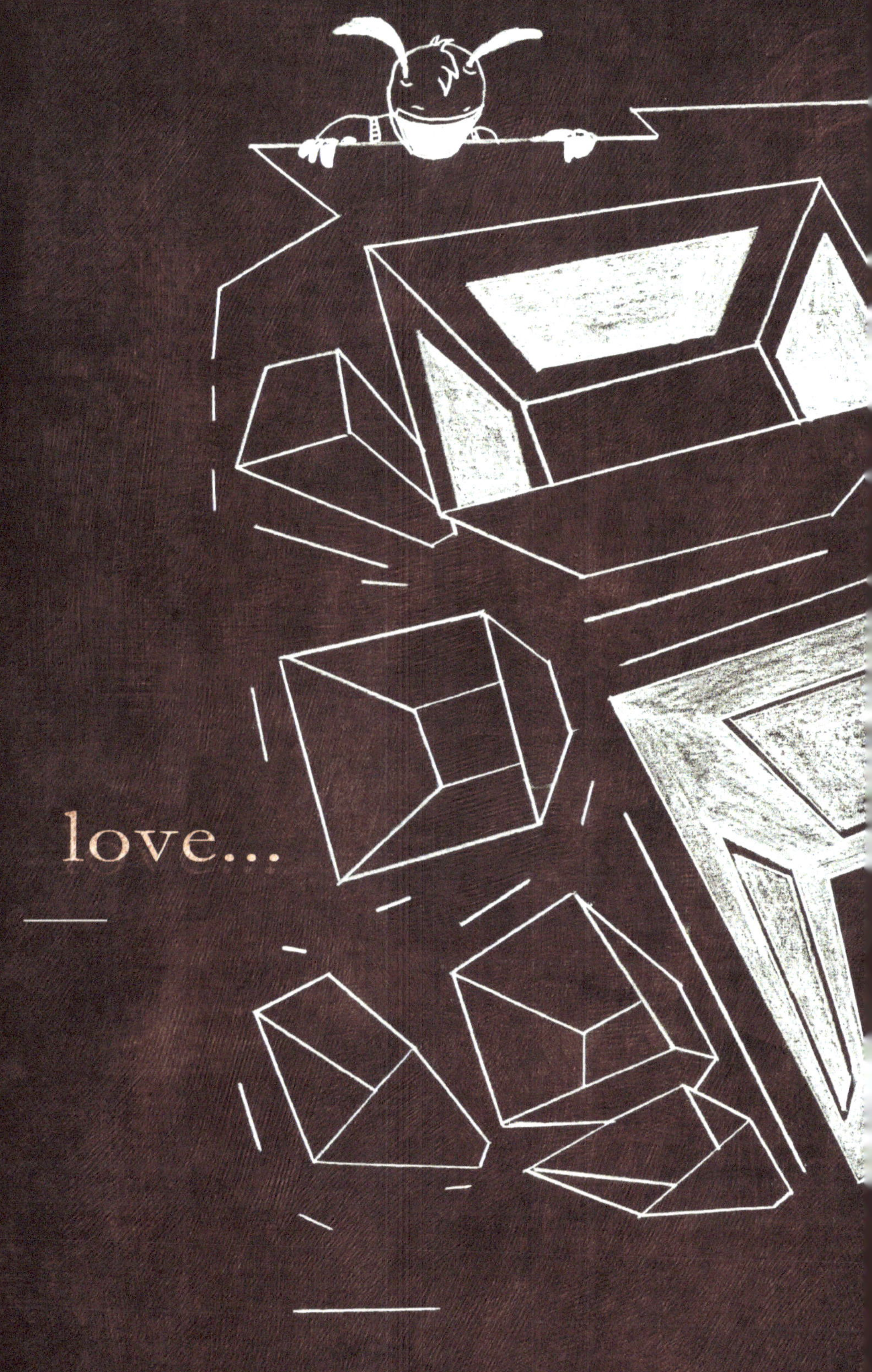
love...

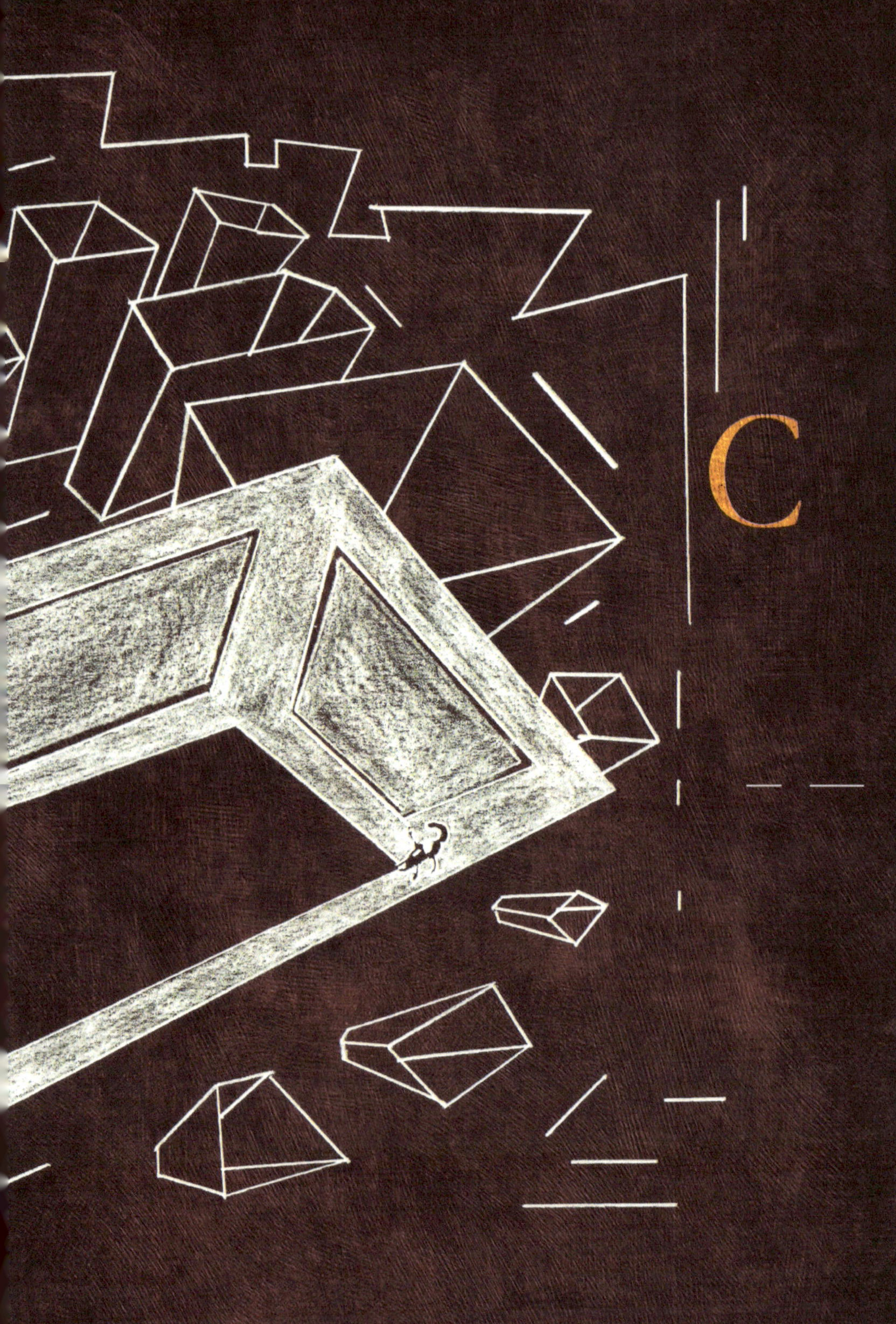
C

ulpabilidad.

Ondulando

el rompecabezas del amor...

There

There in that corner we find the figures of Don Julio,
Coward without voice; with purple eyes, cracked skin, cold blood.
A chance to live the life of a King.
He hides under the realities of his reign.
"I don't want to eat!" He screams over himself.

Meanwhile...
The vault slowly opens.
Stranger's gift for a world of his yesterday.

Violent infant march...
Children without heads surround his image,
They scream the joys of his dark infancy.
The coward looks toward the wet floor,
"They don't know who I am?" he asks himself.

On the closest descending floor, someone breaks a scream...
The windows begin to fog.
If he didn't know how to be a swimmer, today would be a day of mortal initiative.

Thorny squash dance above the sun.
They don't get burned; they don't have eyes, hands, voices, souls.
"Immortals?"
"Perhaps in this world."

Without reflections, without air, without movement.
"White mask with blue diamonds; see me that I see you."
There is no reason for this masochistic love.

There He Was,
There We Were,
There He Left.
They left,
He left.

Don Julio:

Until the next chapter,
Hope to not see your sight in death.
In the truths of a passionate masochistic dream within my tomorrows,
There in this corner of cowards.

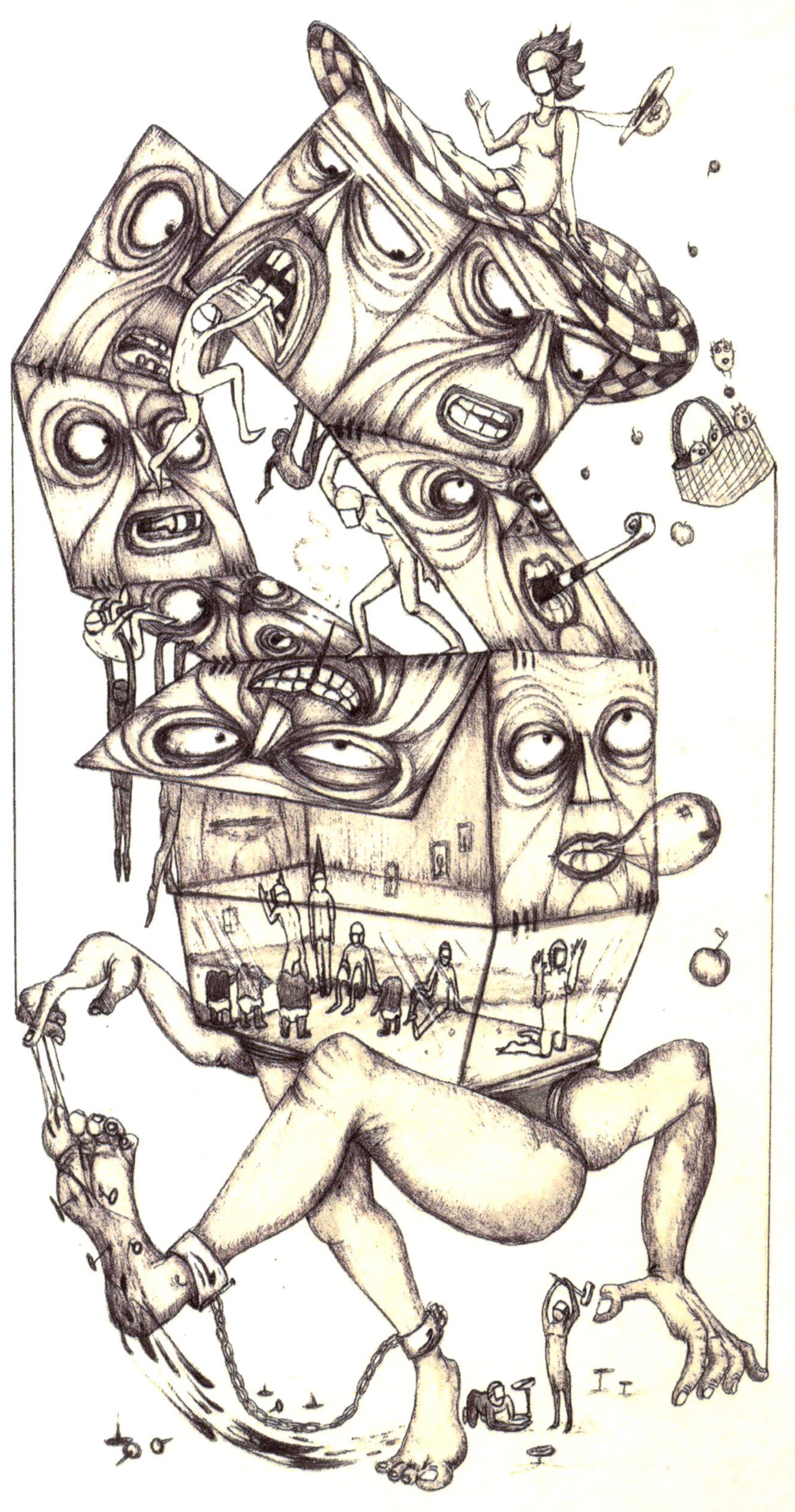

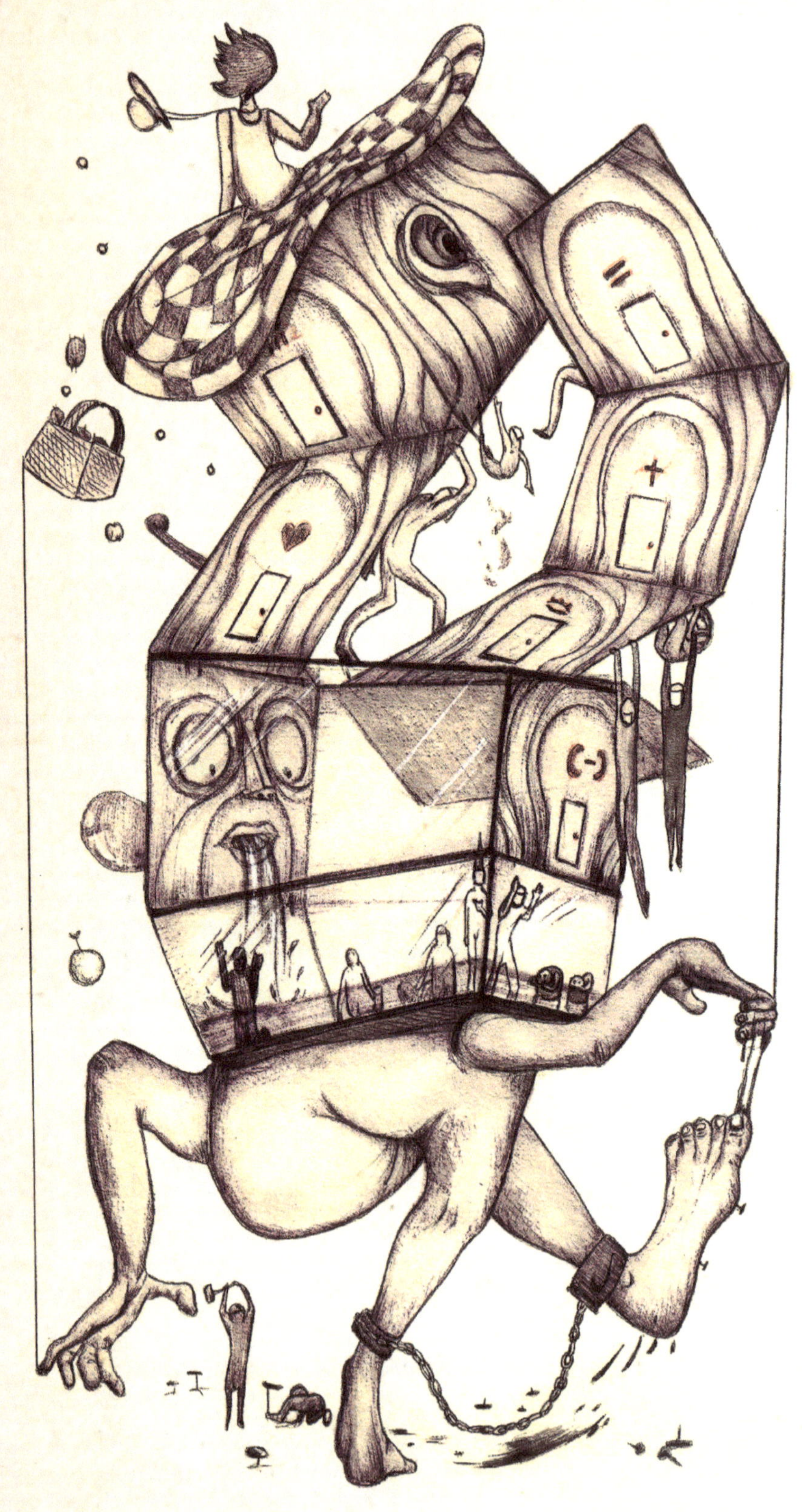

allí

Allí en esa esquina, encontramos a Don Julio,
Cobarde sin voz; Con púrpuros ojos, grietas de piel, sangre fría.
Con chance de vivir como un rey.
Se esconden bajo realidades de su reino.
"No quiero comer," grita sobre si mismo.
Mientras...
La caja fuerte se abré despacio.
Regalos de extraño para un mundo de su ayer.
Marcha infantil...
Niños sin cabezas rodean su imagen,
Gritan la dicha de su infancia oscura.
"El cobarde mira hacía el piso mojado,
No saben quién soy, se pregunta a si mismo.
Alguien en el próximo piso quiebra llanto...
Se empiezan a empañar las ventanas.
Si no sabe ser nadador del juicio, hoy será un día de inicio.
Danza huizquíl bailan sobre el sol.
No se queman; no tienen ojos, manos, voces, almas.
"Inmortales?"
"Quizás en este mundo."
Sin reflejos, sin aire, sin movimientos.
"Máscara blanca con diamantes azules, veme que yo te veo."
No hay razón para este amor masoquista.
Allí estábamos,
Asi estuvo y asi se fue,
Se fueron,
Se fue.
Don Julio:
Hasta el próximo capítulo,
Esperamos verte entre la muerte.
Entre un sueño, entre verdades masoquistas en mis mañanas adentro,
Allí en esta esquina de cobardes.

Desperation.

The yelp for

satisfaction.

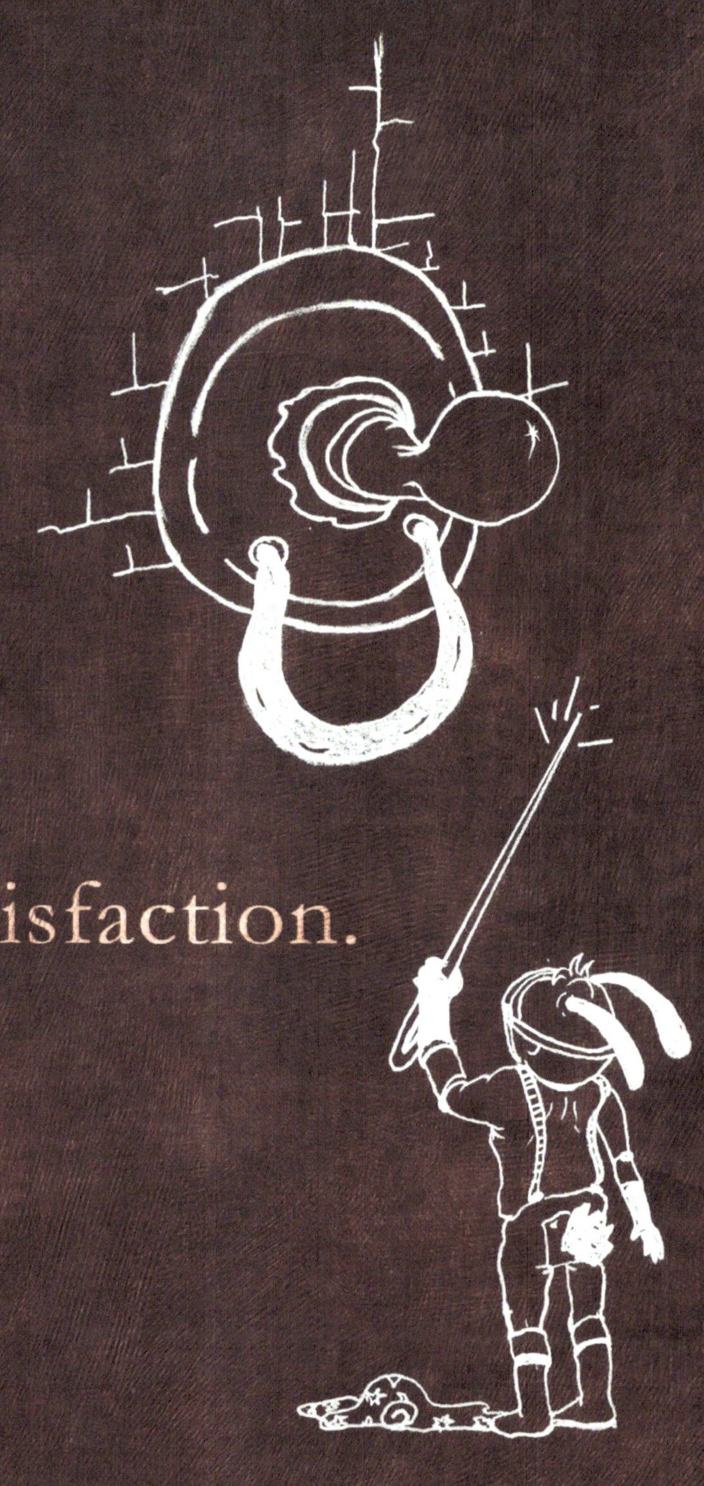

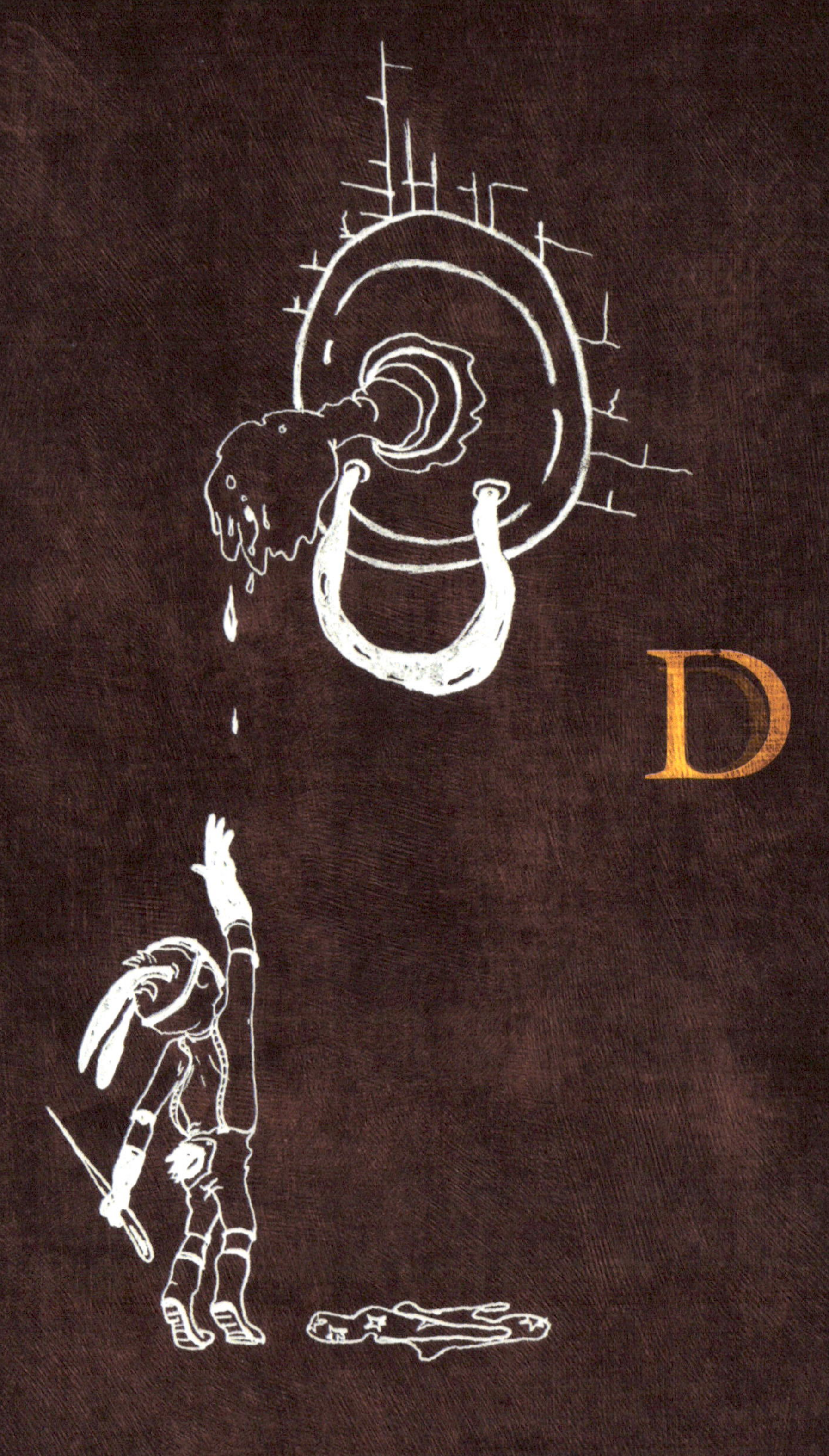
D

esesperación.

El yelp por la satisfacción.

tho-biaS

The sound of infant stress,
Lungs packed tightly with sorrow's wind,
Caressing hands over mountain ears.
Shallow Below,
Eat those sour tears,
Fall back and split that apple heart.

OUR

Sacred Mother,
Sacred Father.

FORWARD

Play that human string,
Hunger child bows free.
To execute, to win,
Every corner Occupied, Vibrant.
Exhaust puncturing thy neighbor's skin.

FREE
Breathe,
Blood Flowing,
Pampered rivers of joy,
Clouds drifting back home,
Simple Cure,
Love at first sight.

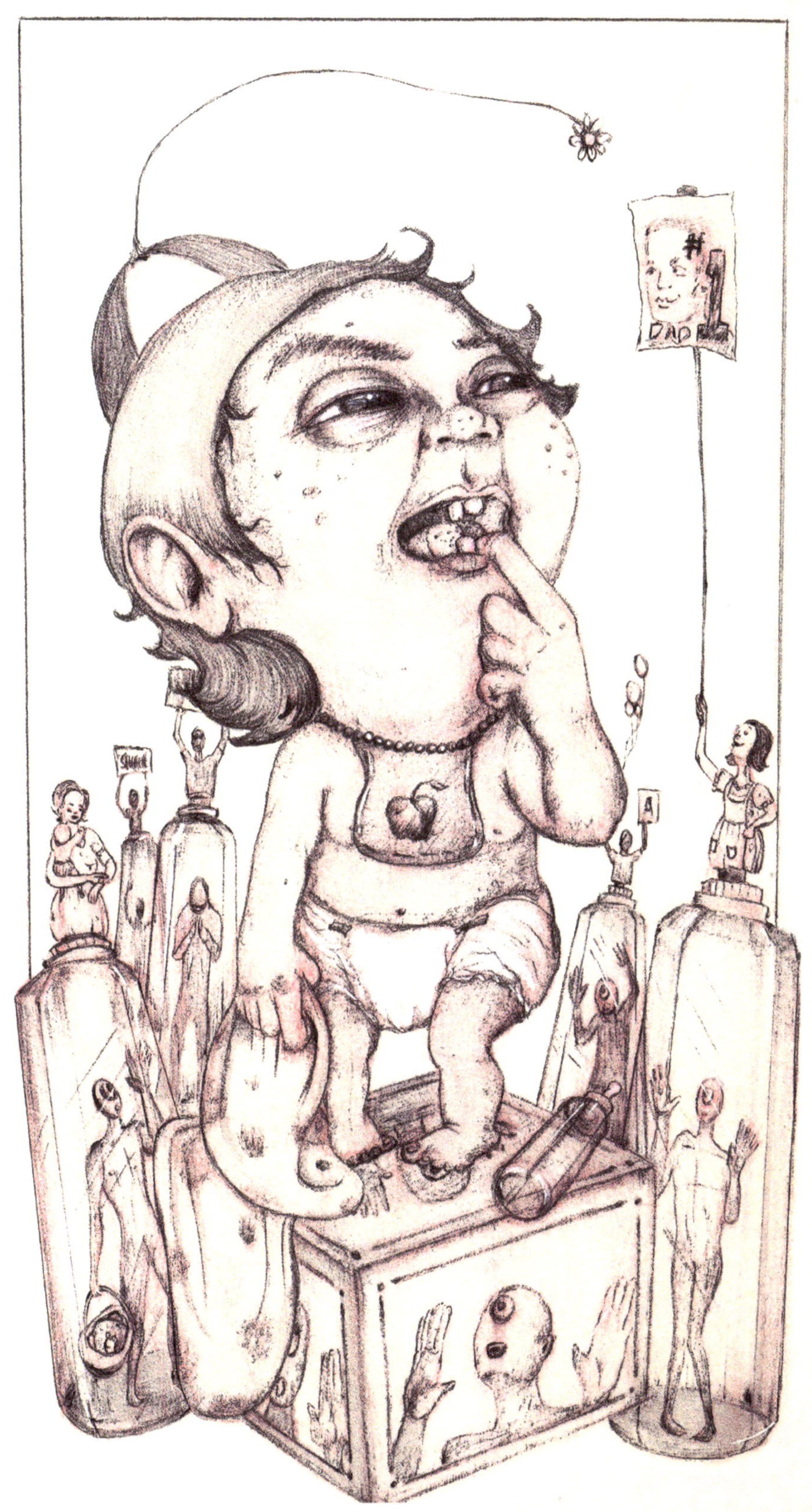
#1
DAD
A

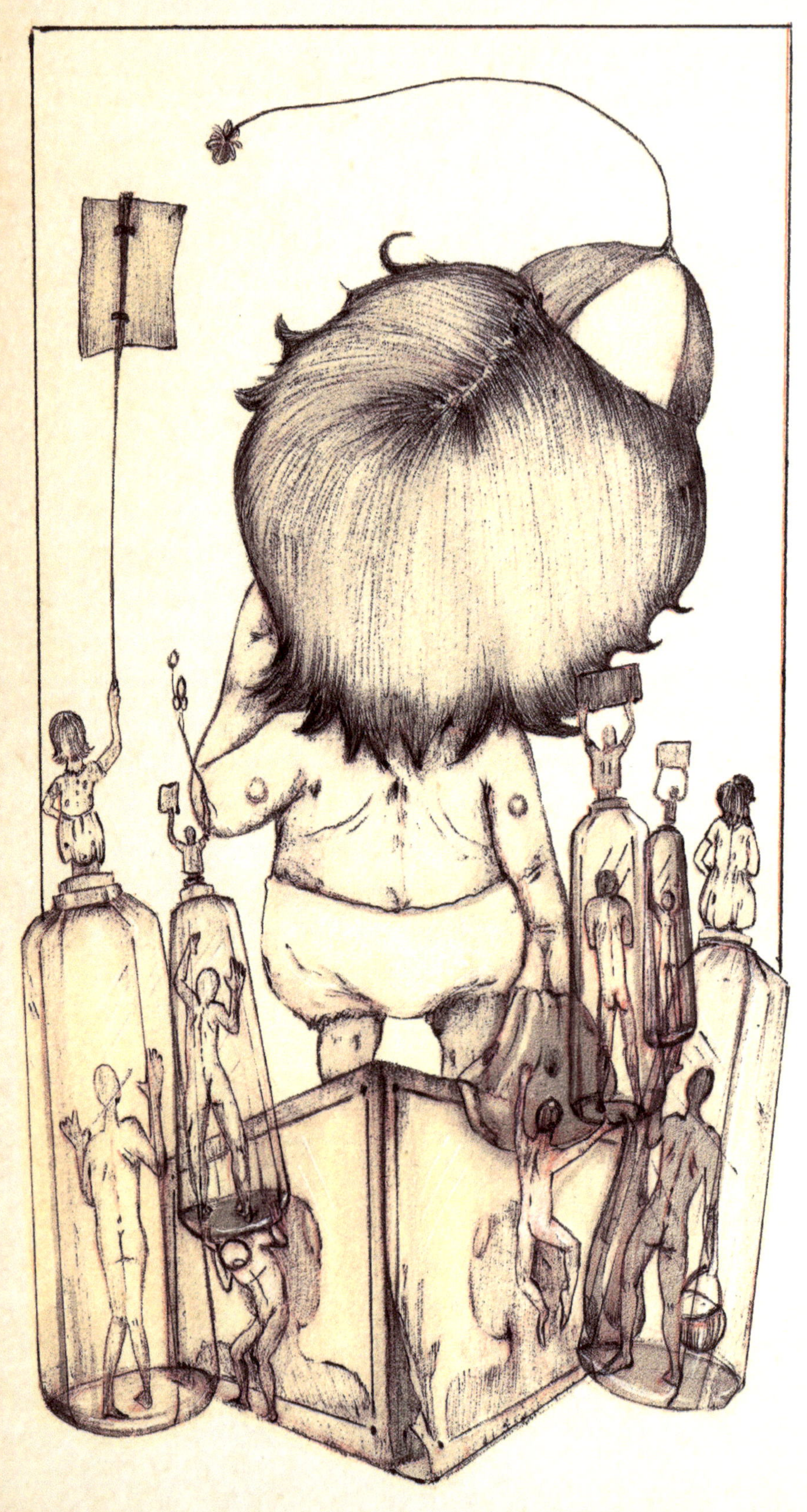

tho-biaS

El sonido de estrés infantil,
Pulmones llenos con los adoloridos vientos,
Acariciando manos sobre los oídos montaña,
Bajo vacío,
Come las lágrimas agrias,
Cae hacía atrás, irrumpe aquel corazón manzana.

NUESTROS

Sagrada Madre,
Sagrado Padre,

ADELANTE

Juega la cadena humana,
El niño hambriento se escapa libre.
Va a ejecutar, a ganar,
Cada esquina Ocupada, Brillo.
Un escape rompe la piel vecina.

LIBRE
Respira,
La sangre fluye,
Ríos de alegría mimados,
Nubes flotando hacía el nido,
Simple remedio,
Amor a primera vista.

Nurture in our nat

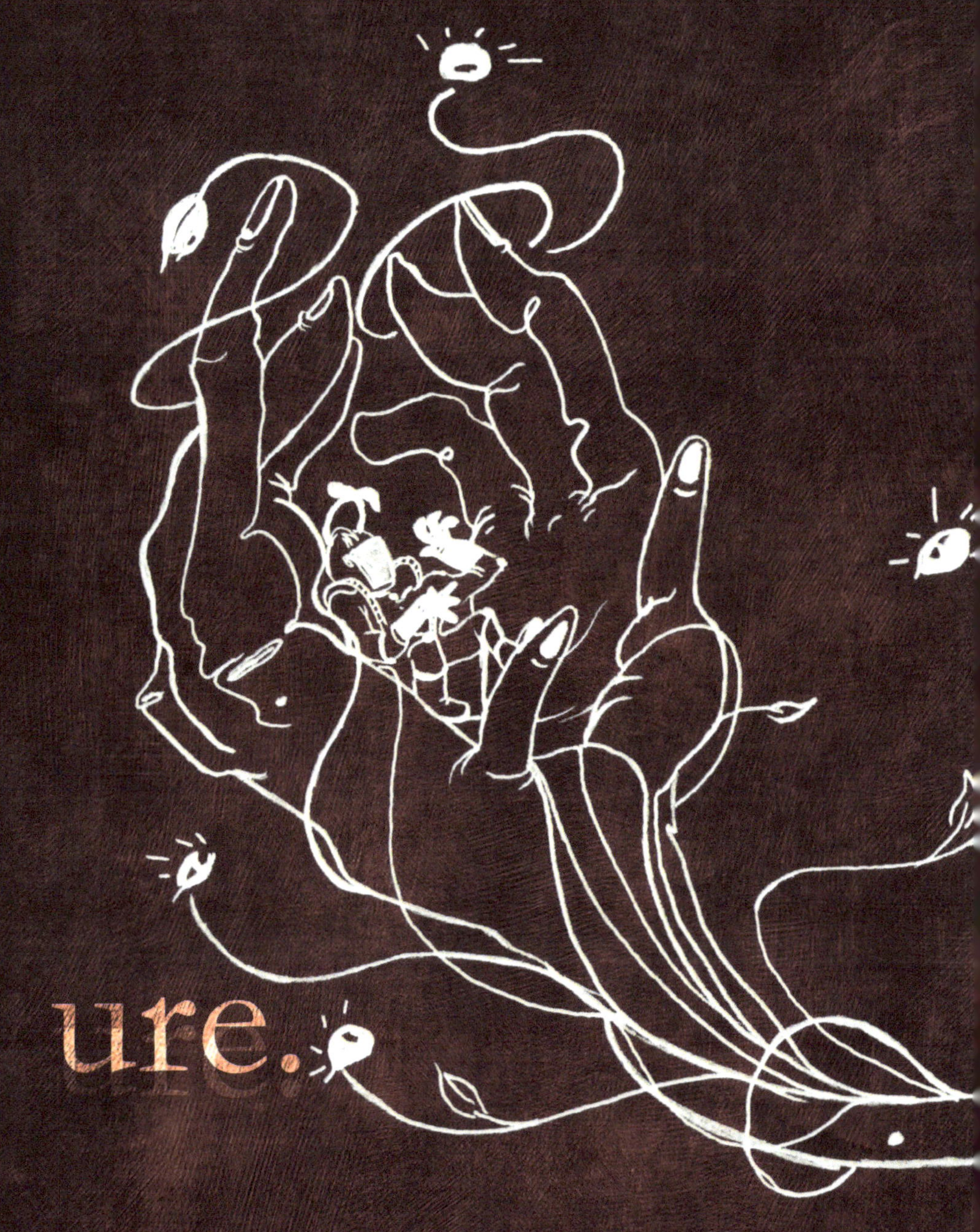
ure.

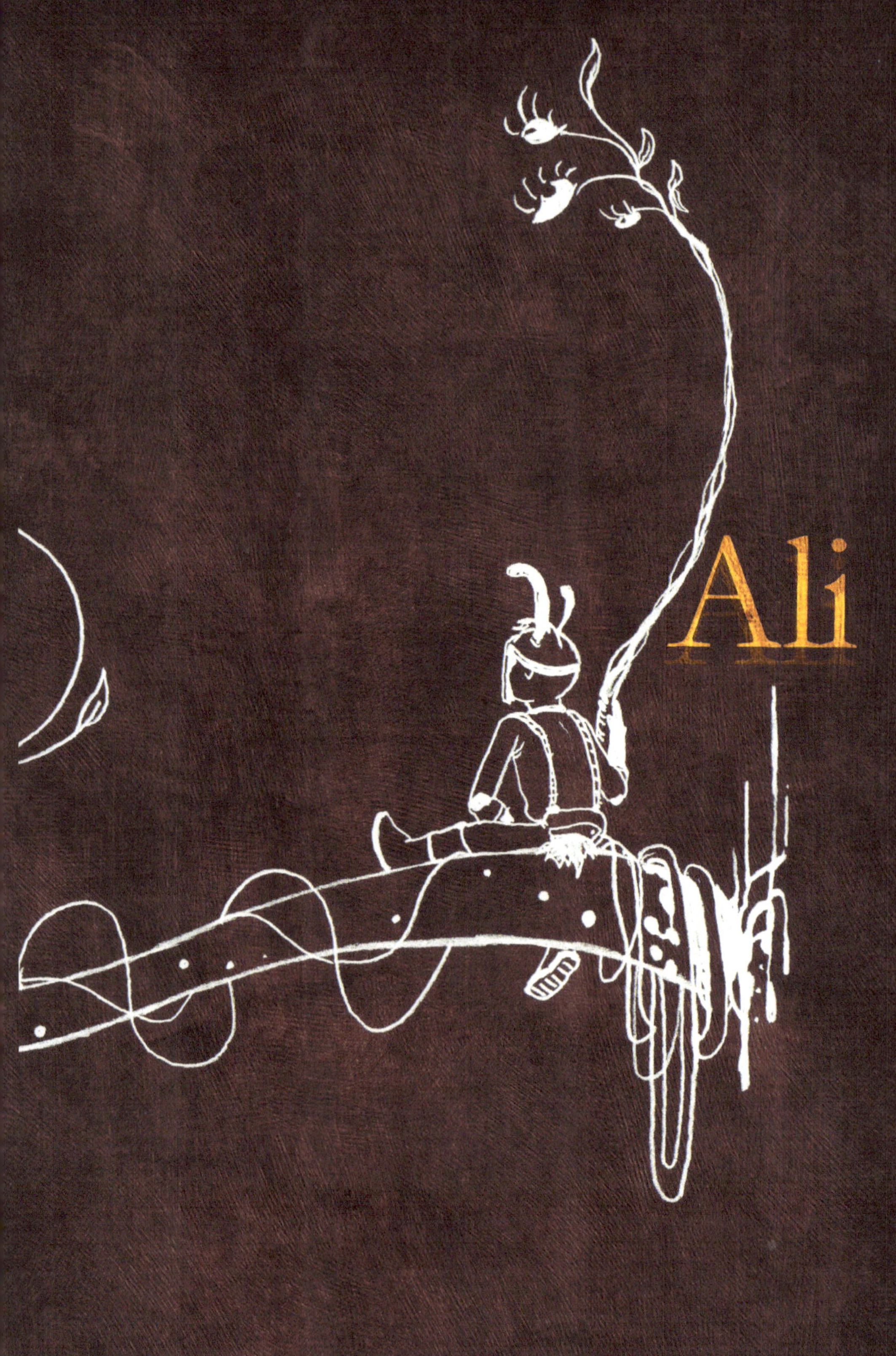
Ali

mentar en

nuestra naturaleza.

MinutE

Mother's gesture pure of heart,
The sound of summer is near.
Holding tight to our reflections, our dreams,
Truth hostage to children's identities.
World Collides,
Echoes Pass,
Bounce,
Dodge.
We Talk...

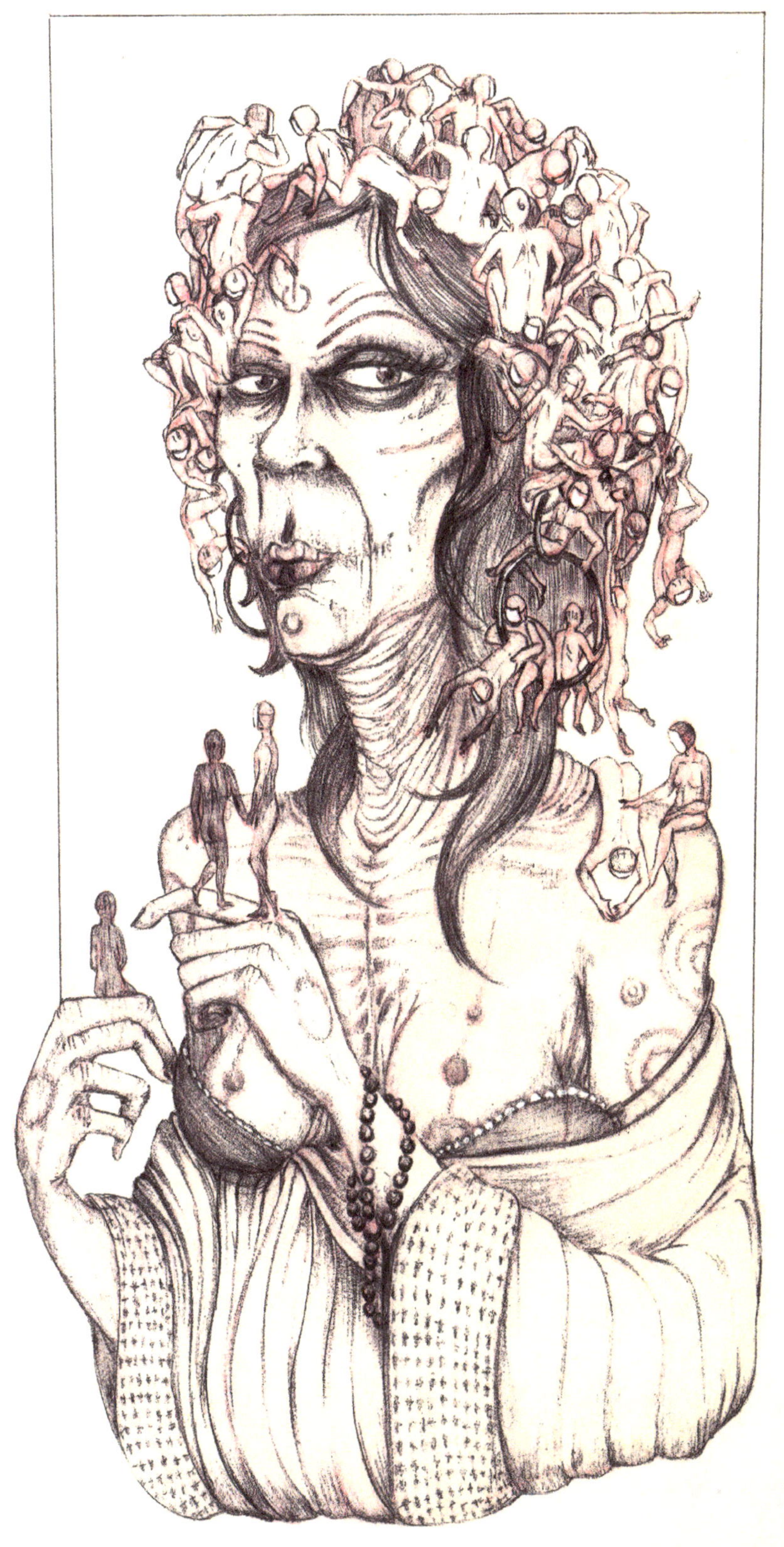

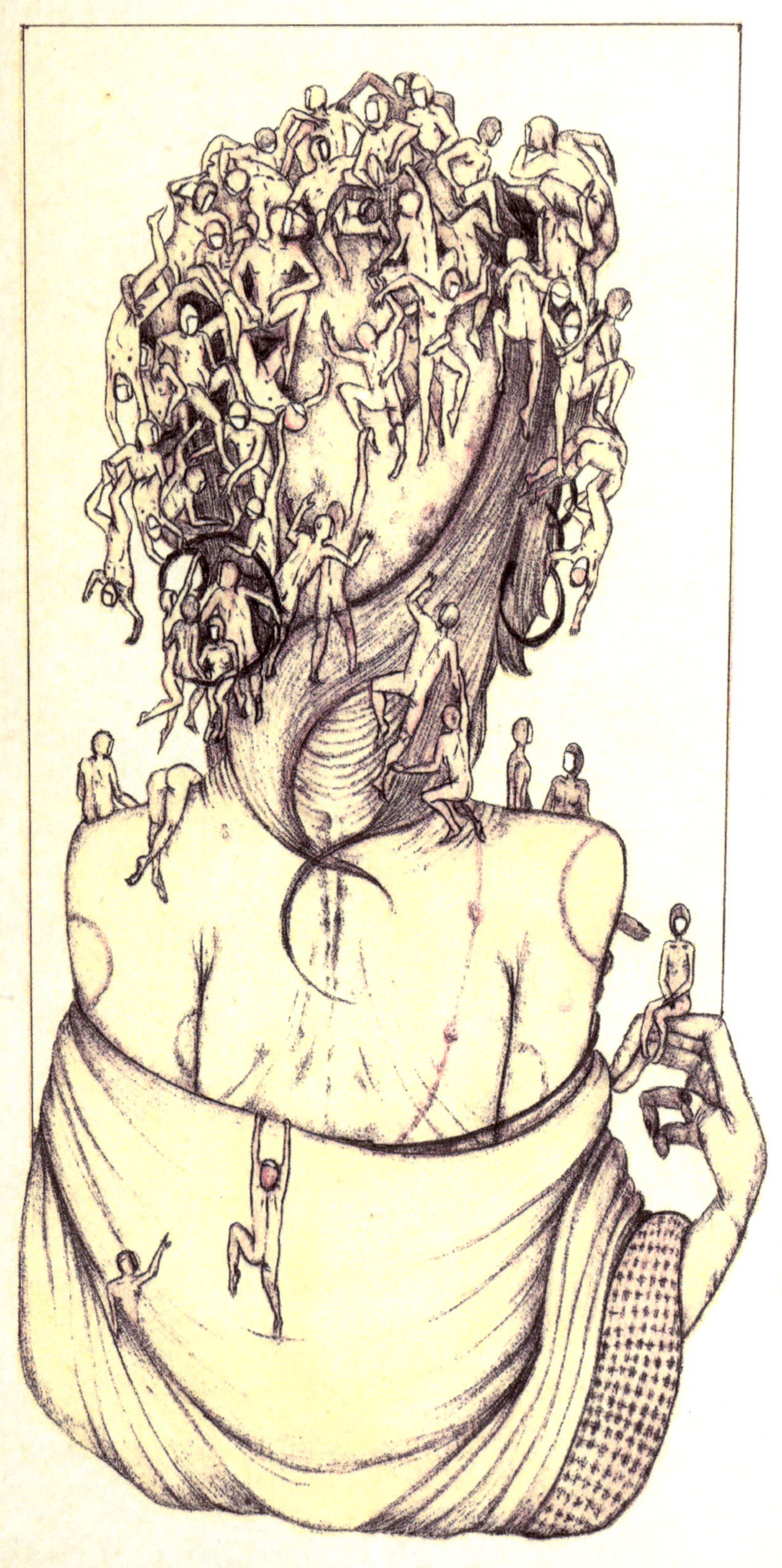

minutO

Gesto de Madre puro de corazón,
El sonido del verano se acerca.
Aferrados a nuestras reflexiones, nuestros sueños,
Verdad captiva las identidades de niños.
El mundo impacta,
Ecos pasajeros,
Rebotan,
Evåden,
Hablamos...

m

e

dicate

un

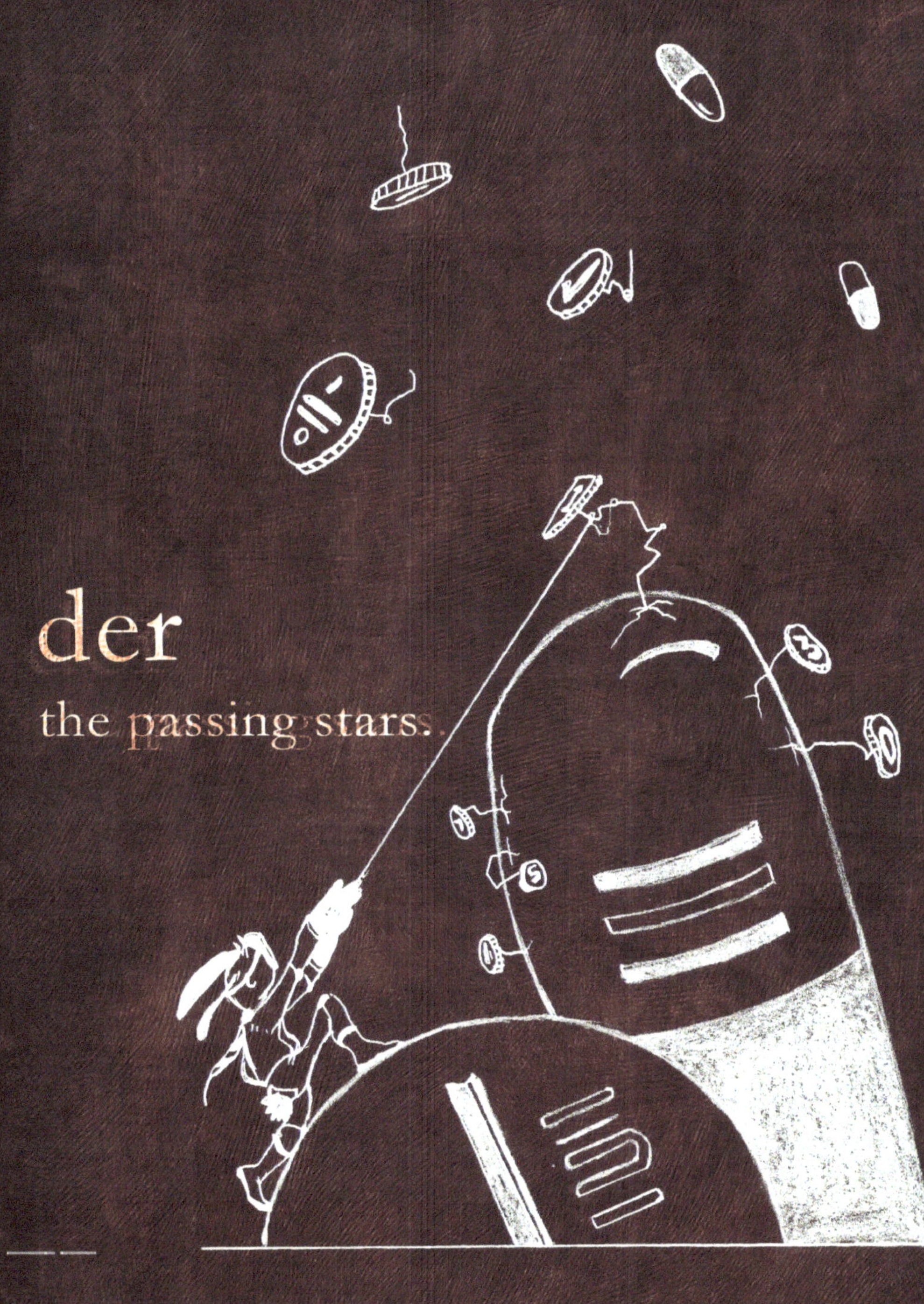
der
the passing stars.

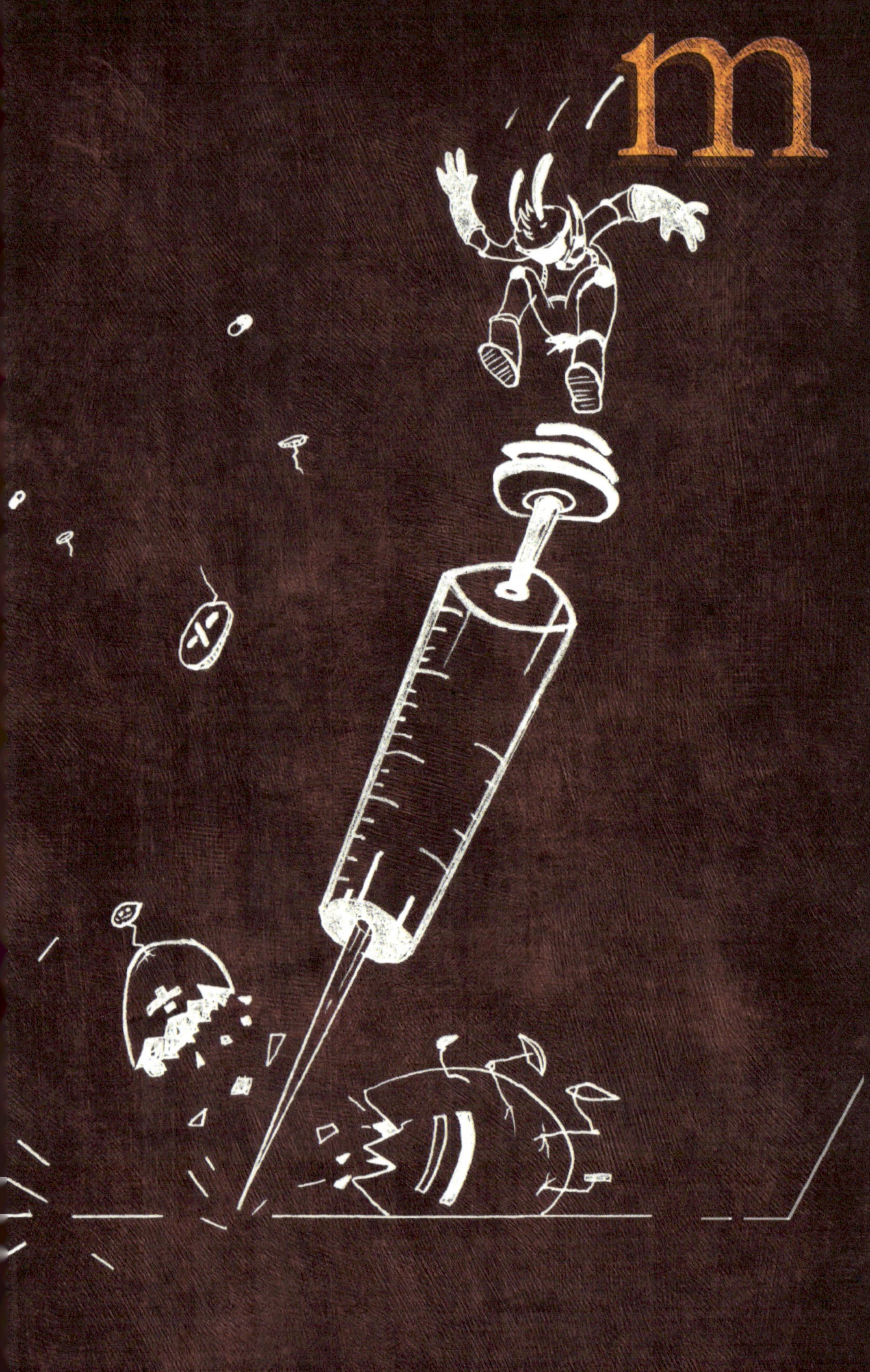
m

e
dicarse
bajo

las estrellas pasajeras.

timeless substance

Substantial effects after the fury,
No sense in trying to explain the word of the day.

Holding Hands,
Meaningless Embrace,
Fingers Frail,
Burnt shields.

Emergency Dialing,
No Response.
New Beginning,
No end.
False sense of identity,
Throwing up for wilderness and chance.
Cubic measurements for belief in dimensional happiness,
Endless Hours,
Cyclone Pessimist,
Cycling through eternity without number 13.

What happens now?
Tomorrow?
The Day After?
SHIT!!

Truth at the end of the bottle...

Secure your destiny,
Be a better dancer,
Laugh the loudest,
Embrace the magical as you sleep.

Conduct the Dreamers,
Grand finale,
WAKE.

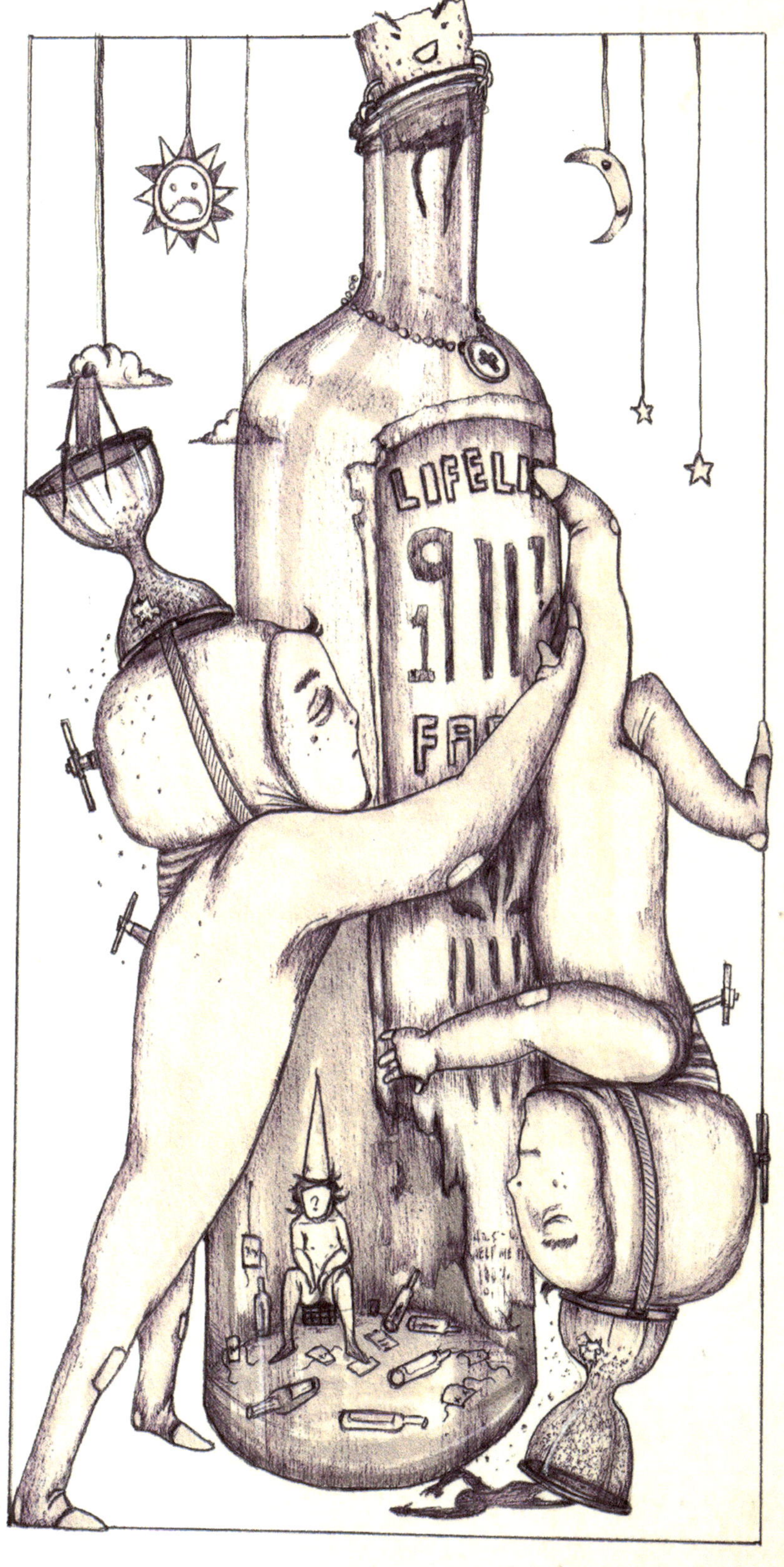
LIFELI
911
FA

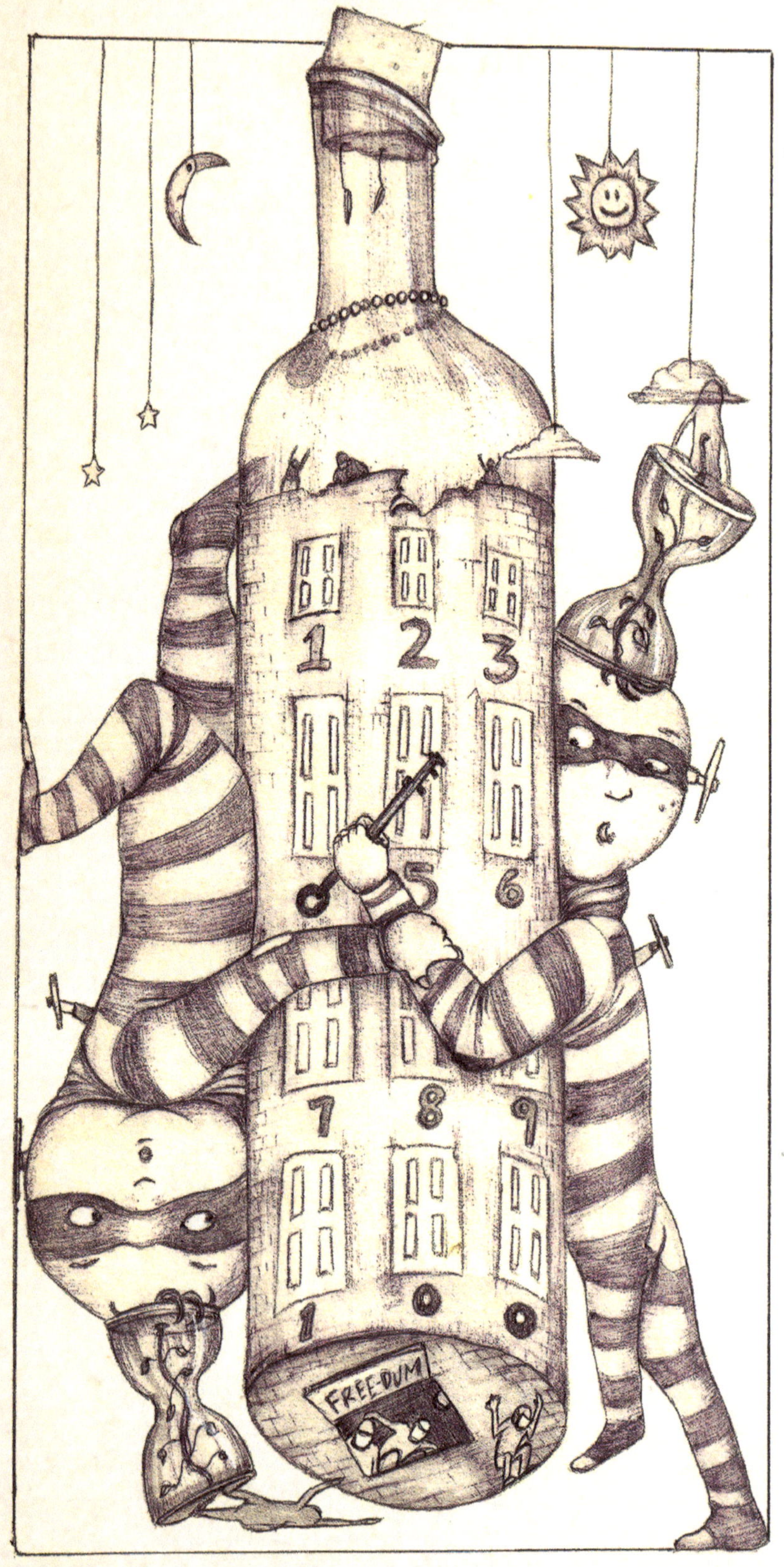
1 2 3
5 6
7 8 9
1 0 0
FREE-DUM

Sustancia eterna

Efectos sustanciales después de la furia,
Sin sentido tratar de explicar la palabra del día.

De la mano juntos,
Abrazos sin sentido,
Dedos frágiles.
Escudos incendíados.

Marcár de emergencia,
Sin respuesta.
Nuevo comienzo.
Sin fin.
Sentido falso, sentido de identidad,
Arrojando por desolación y posibilidad desierta.
Medidas en metros cúbicos para creér en una felicidad dimensional,
Interminables horas.
Ciclón pesimista,
Ciclismo entre la eternidad sin número 13.

Qué sucede ahora?
Mañana?
El dia despues?
Mierda!!

Verdad, al final de la botella...

Asegura su destino,
Ser un mejor bailarín,
Reír más fuerte,
Abrazar lo mágico al dormir.

Conducir a los Soñadores,
El Gran Final,
DESPIERTA.

Rollercoaster vengeance.

WE

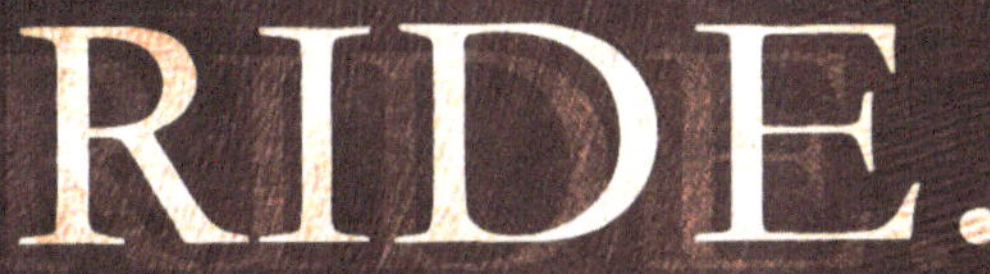
RIDE.

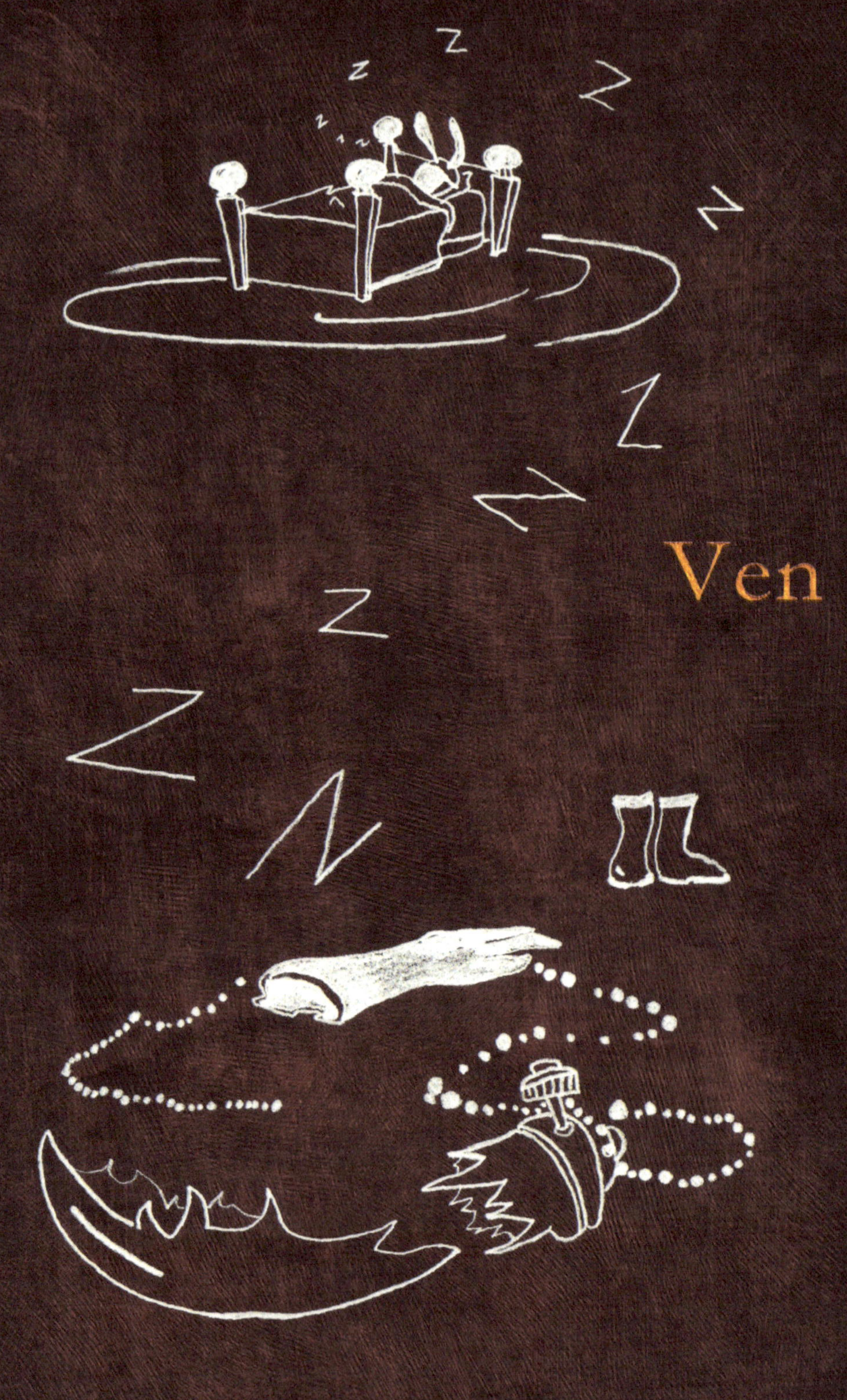
Ven

ganza Montaña Rusa.

Montamos.

Sun goes down

The sun goes down for the last time; no fancy needed here.
There's still a reflection standing to the northeast; it carries the box of broken dreams.
A giant red bird crosses media circuit 101.
The night is a truffle of gloom; no latex here, no friction, no abuse.

Werewolf children play outside,
It is not dark yet.
Segregation.

Old confused sun come back to us, we can play nice,
We have no silver, we have no garlic.
In humid air we dance; golden liberation, free chains,
Rays of sour light fade,
We don't live here.

Destroy this Sunny Sunday,
Who needs the G-man?

Rooftops with melon heads, sour pores, juice pouring all over the place,
Everlasting waterfalls,
White cheddar nipples, corn bread skin, jerky pussy cat, plenty of cheese sides.
Yikes!

Dim, slow Carousel stops,
The sun returns.

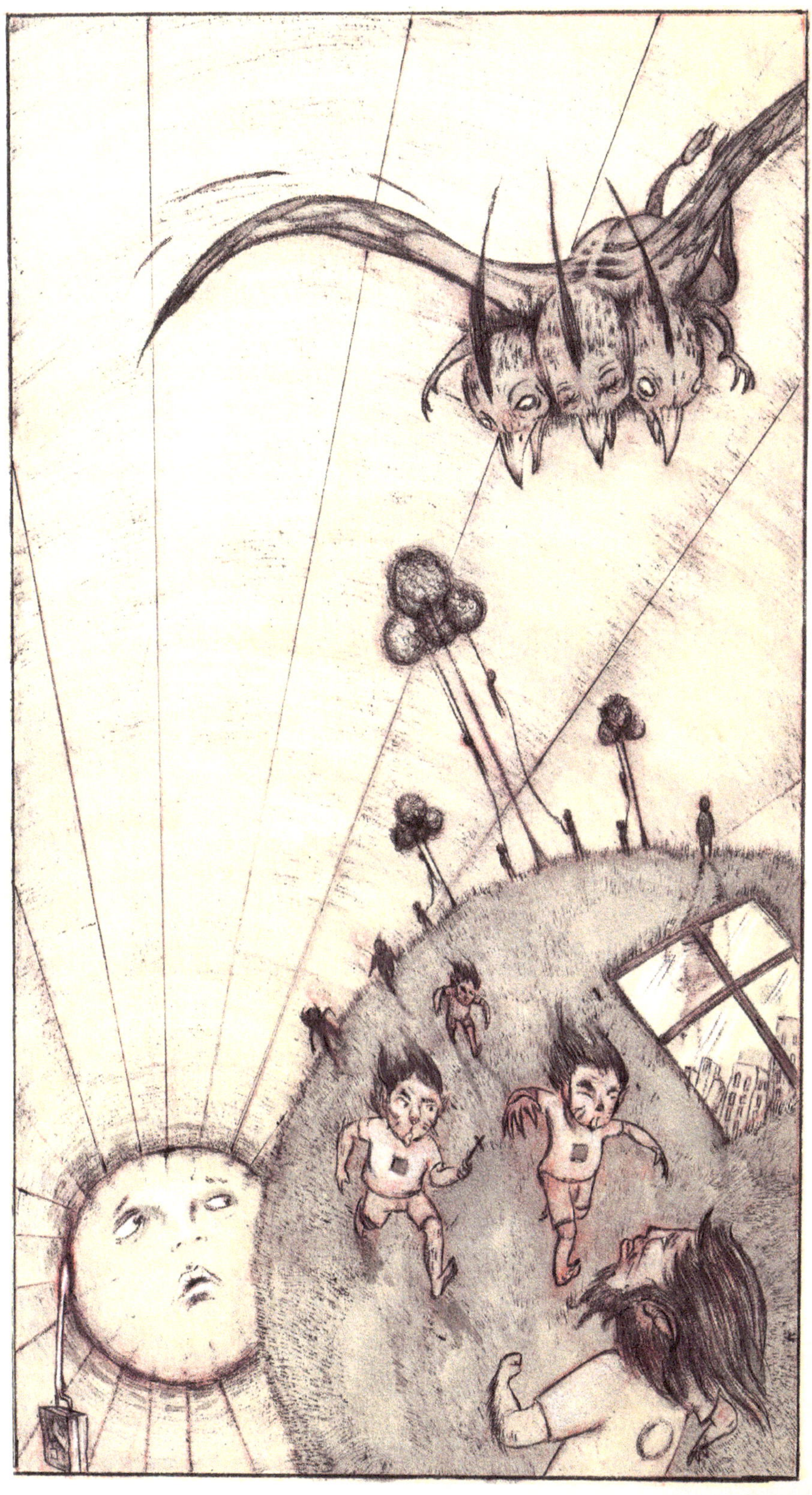

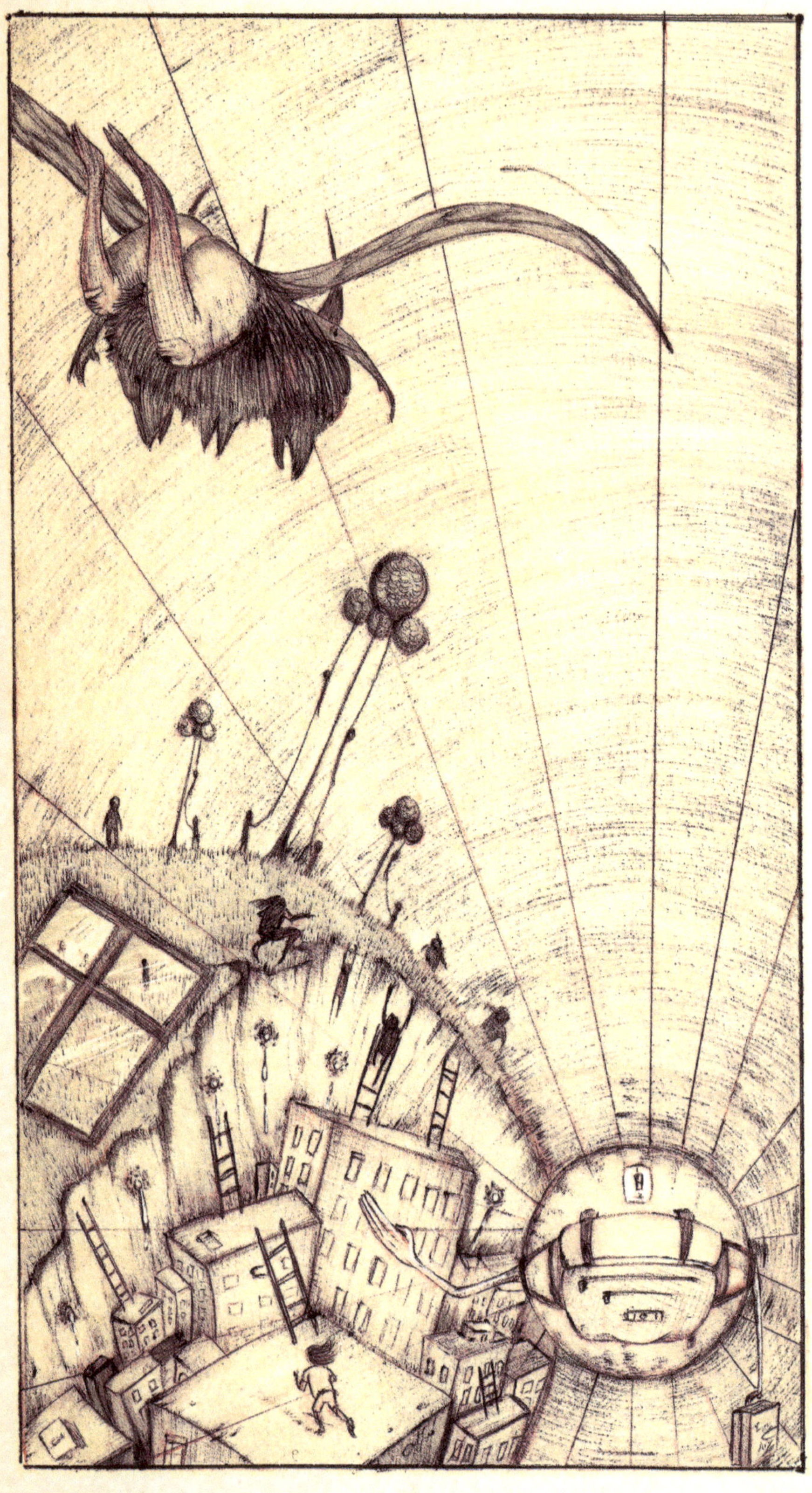

el sol baja

El Sol baja por la última vez, no apetece necesidad aquí.
Todavía hay un reflejo permanente hacía el noréste, carga la
caja de sueños rotos.
Un pájaro rojo gigante cruza circuito de medios 101.
La noche, una trufa de melancolía, Aquí, Sin hule sin fricción,
sin abuso.

Niños lobos juegan fuera,
Todavía no hay oscuridad.
Segregación.

Sol, viejo y confuso, regresa a nosotros, Bien podemos jugar,
No tenemos plata, no tenemos ajo.
Entre aire húmedo bailamos, liberación oro, sin cadenas,
Rayos agrílux bajan,
Ya no vivimos aquí.

Destruye este Domingo tan brillante,
Quien necesita el hombre G?

Tejados con cabezas de melón, poros agrios, jugo cayendo en
todas partes,
Cascadas eternas,
Pezones de quesos blanco, piel de mazapán, tasajo de gatita,
aperitivos de queso.
Chispas!!!

Oscurece, lento carrusel se detiene,
El Sol regresa.

Digress One

Colorful Zenith

You can read my discoveries from a distant planet.
You can't call, nor follow my lead.
Just be yourself.

Children play nude on the peak of a distant colorful hill.
They seem to be having the time of their lives.
No sex, no gender, only smiles.
I can't tell them apart.
They have united.

The chorus is shot.
Timeless measurement forth this near future;
We are the NOW.

Moon shines down a mutual feeling between wolf and earth,
Sacred Cries for a bloodlust century.
A massive rusty clock ticks the wounds of the past away,
It sways mirroring this world's reflection.
Iron hammer and dandelions for those who are weak,
For those who believe in magic, giant clown to the west welcomes your smiles.

Crackling fruit, fictional shadows, cardboard trees for your village,
From the levels closest to the ground, they crash in waves,
Drinking the blood of those whose escape was compromised by this nature.

Over the smallest hill,
Sand power fields.
No room for vegan wishes,
Carnivore Dreams.
They are puppets with no strings,
They need not nutrition.
Only stitches to bind their limbs from falling away from this land.

Soul catcher wears an Ameri-Con Apparel hoodie,
Beware his ads,
Side by side they've walked for centuries.
Freshman asks,
"What is your name?"
The eldest gestures and replies,
"Not important, I wear the striped horns, you can call me god with a lower G, non-formal."

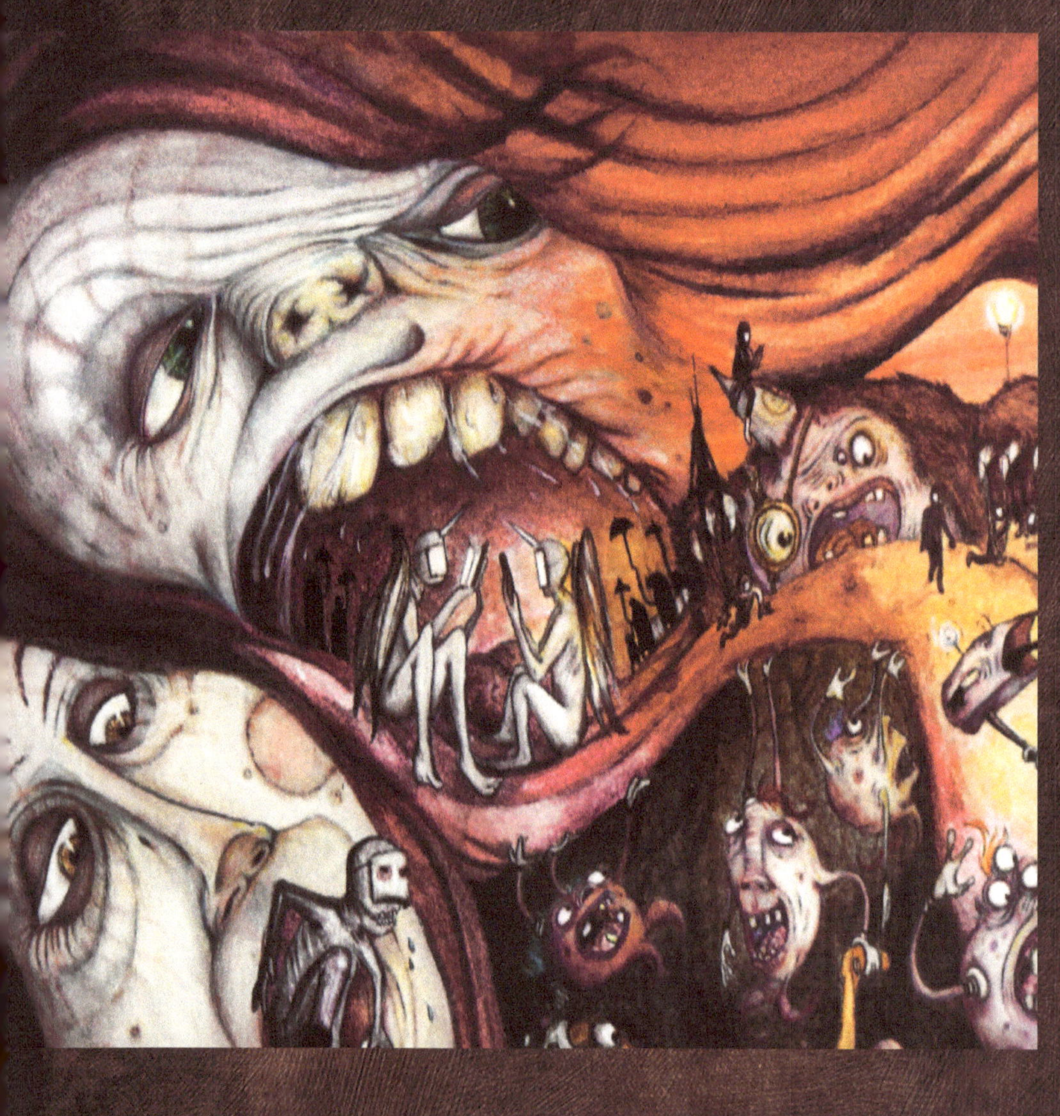

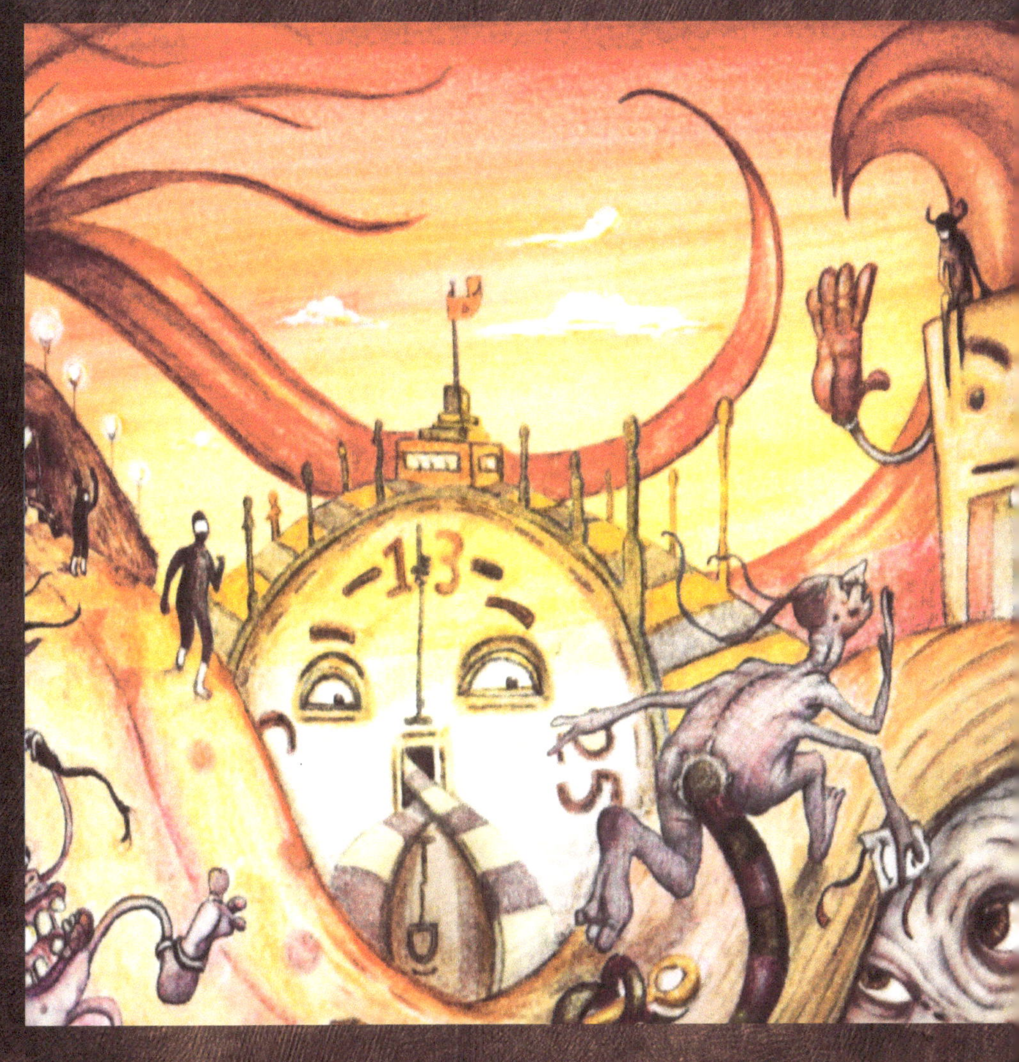
13

Digresión Uno

Cima Colorida

Usted puede leér mis descubrimientos de un planeta lejano.
No puede llamar ni seguir mi ejemplo.
Solamente ser si mismo.

Los niños juegan desnudos en la cima de una colina distante y colorida.
Parecen disfrutar como nunca en la vida.
Sin sexo, sin género, solamente sonrisas.
Sin distinguir.
Se han unido.

El coro, muerto.
Medida sin tiempo, hacía el cercano futuro;
Somos el HOY.

Bajo resplandesciente luna, mutuos sentimientos entre lobo y luna,
Llantos sagrados por este siglo sangre lujuría.
Reloj grande y oxidado, marca las heridas del pasado,
Se balancea duplicando los reflejos de este mundo.
Para aquellos débiles, martillo de hierro y el diente de león,
Para aquellos creyentes de magia, al oéste, payaso gigante celebra su sonrisa.

Para su pueblo, árboles de cartón, chirrido de fruta, sombras ficticías,
Desde los niveles más cercanos a la tierra, entre olas se impactan,
Beben la sangre de aquellos cuya huida se vío afectada por esta naturaleza.

En la más pequeña colina,
Campos fuerza de arena.
Sin espacio para deseos veganos,
Carnívoros Sueños.

Son títeres sin cuerdas,
No necesitan alimento nutrición.
Sólo sutura para enlazar sus extremidades de alejamiento de esta tierra.

Alma casadora estrena prenda de Ameri-Con Apparel,
Con sus anuncios, cuidado,

Lado a lado han caminado a lo largo de los siglos.
El novato pregunta,
“Cual es su nombre?”
El mayor hace gestos y da la respuesta,
“No importa, llevo los rayados cuernos, ya nómbrame dios, con g minúscula, informal.”

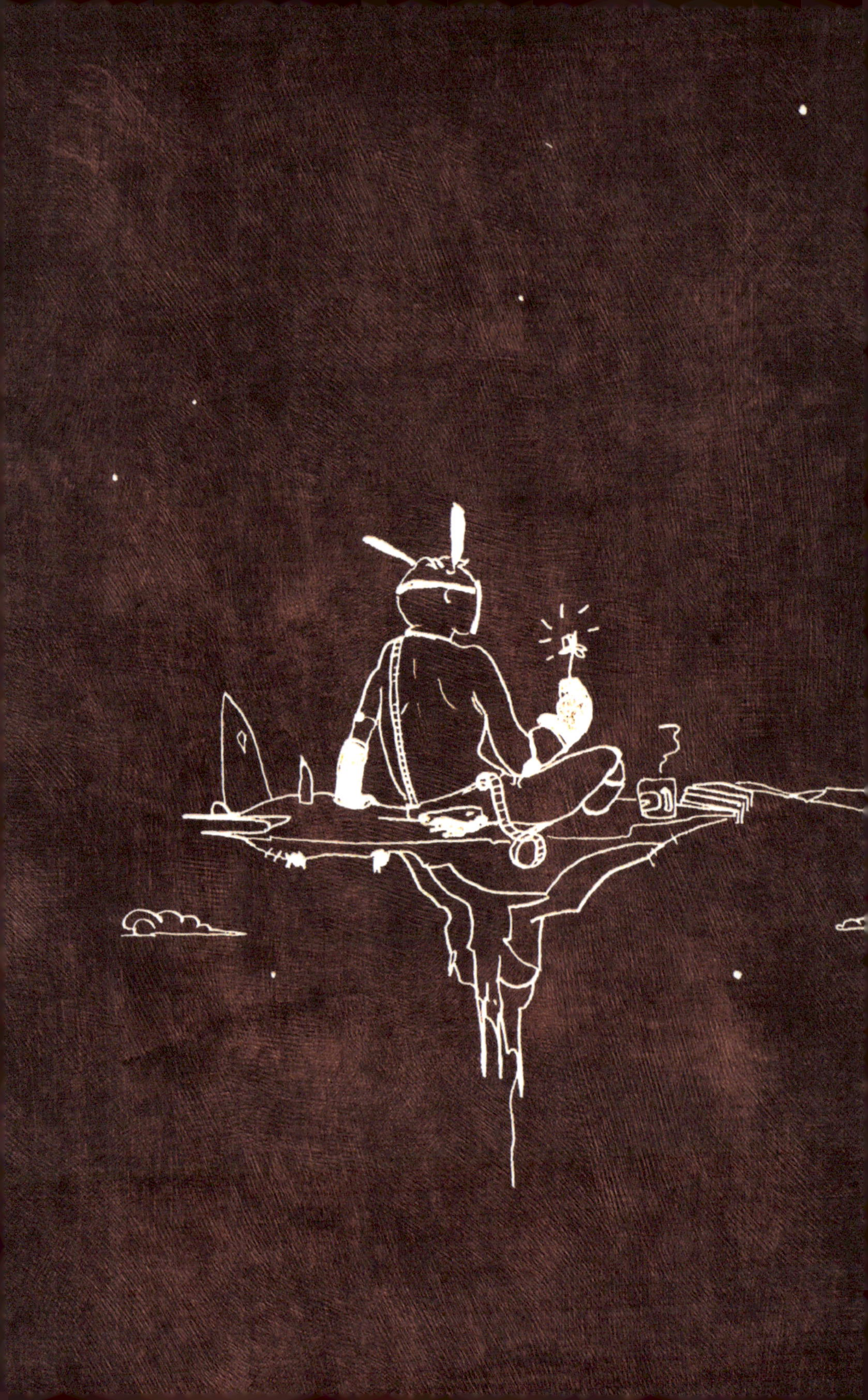

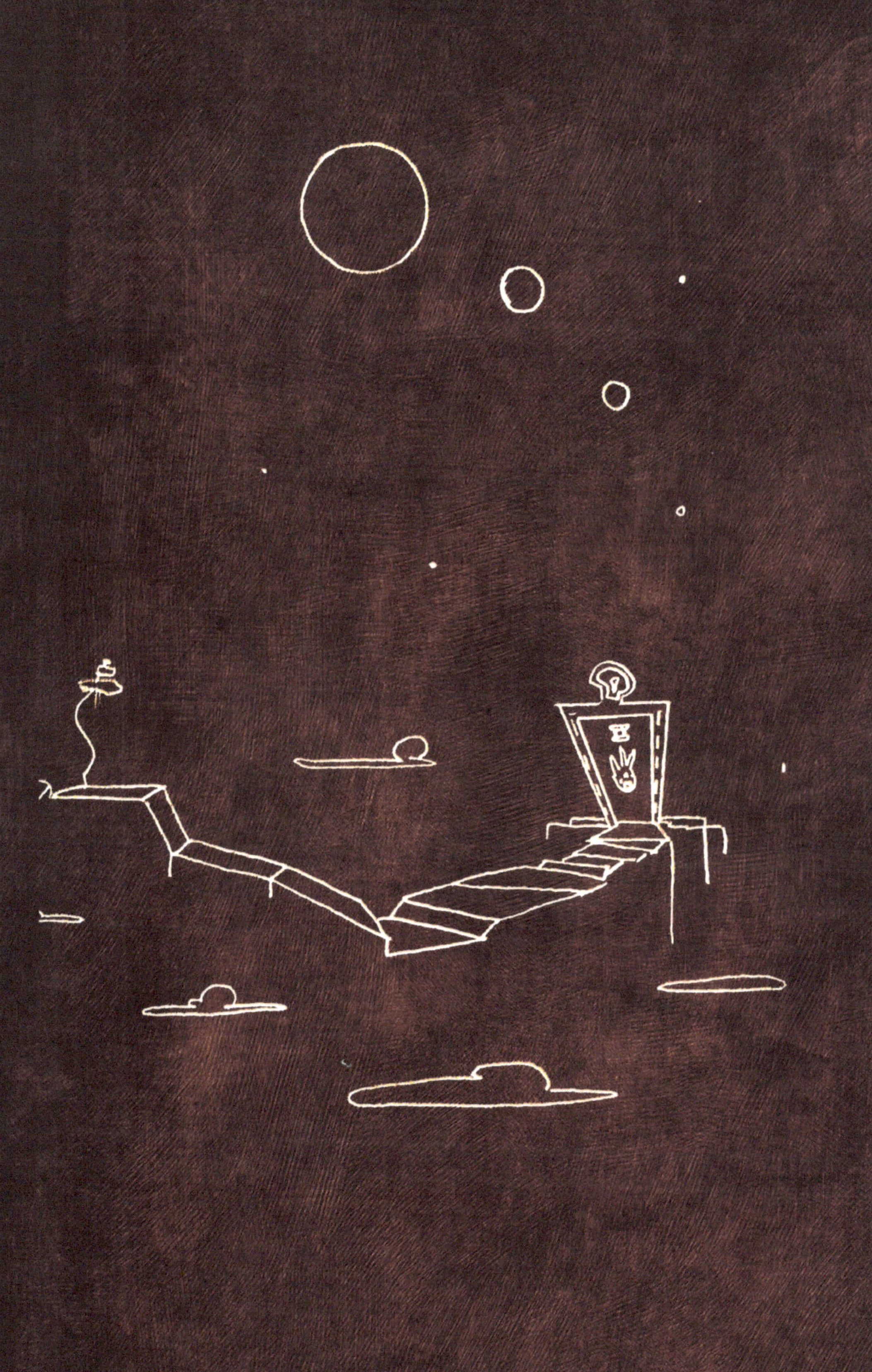

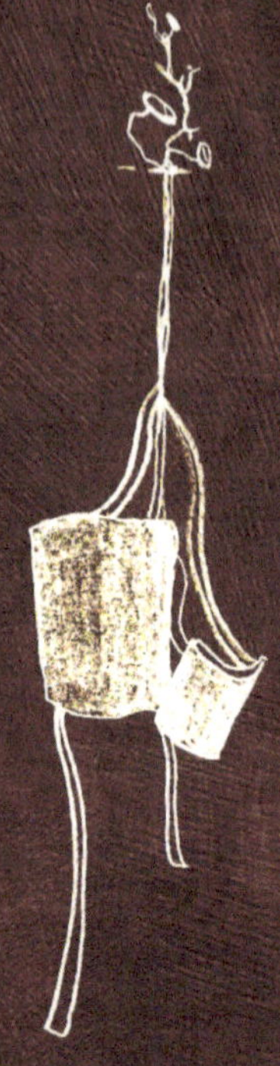

the end

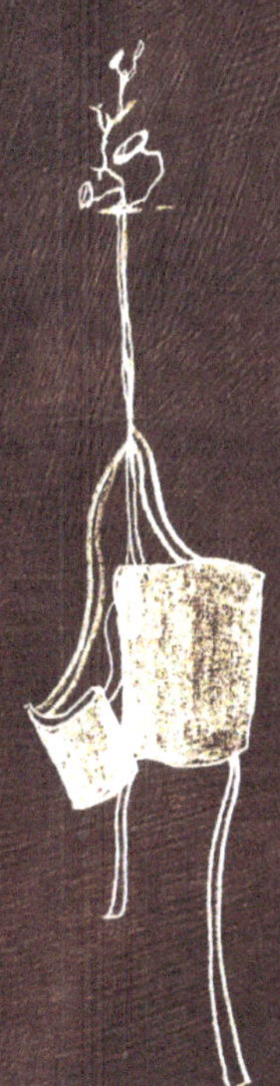

el fin

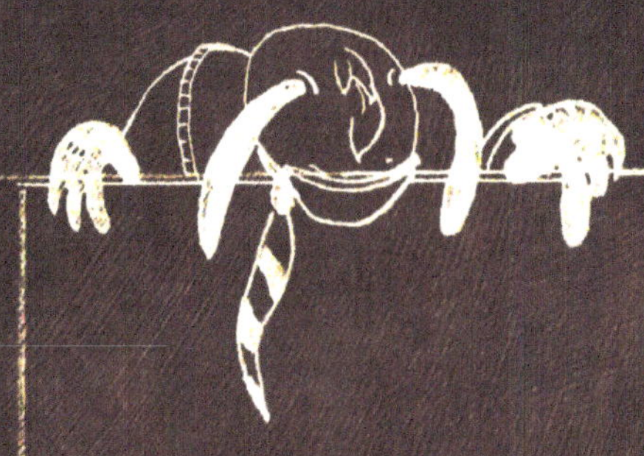

thoughts/pensamientoS V.1

created by - creado por

JASSER J MEMBRENO

translation/traducción

Gloria Alvarez Hernandez

Jasser Membreno

introduction/introducción

Maria Elena Fernandez

copy edit/edito de palabra

Xochitl Cordova

Jeff Buchanan

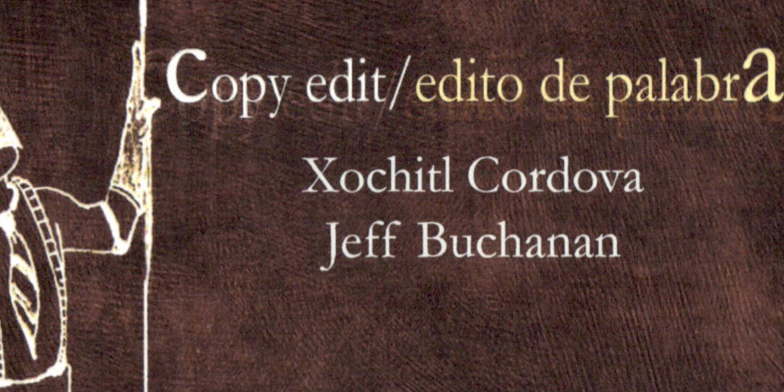

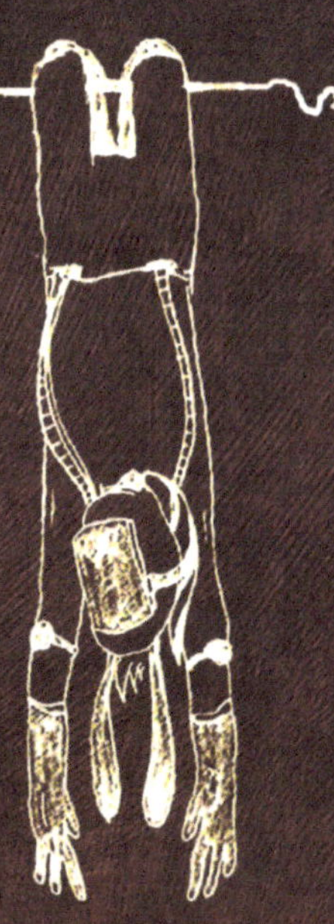

additional graphic design/ graphico deseño adicional

Cameron Charles

photographer/ fotógrafO

Stephen Unger

Support/apollO

Will Kim, Xochitl Cordova Andres Salaf, Andrea Villafane, Jaime Howard, Lesley Crespo,
Keira Membreno, Rachel Weir, Betty Lee, Alain Membreno, Janesy Membreno,
Carolyn Barahona,
Rosa and Gary Ethrich, David Gallardo, Olga Cordova, Karla Reyes, William Landeros, Cinthia Garcia, Leticia Austin, Jin kyu Ahn, Dan Doll, Caroline Foley,
Lanette Alarcon, Eric Enriquez, Carly White, Travis Winn, Tomas Marroquin, Maria Cedillo, Luiz Ricardo.

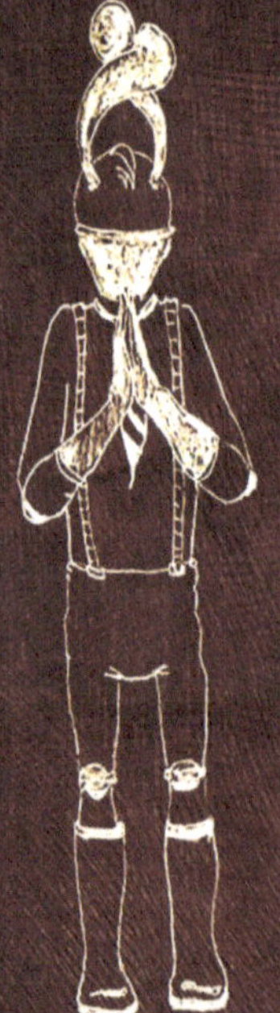

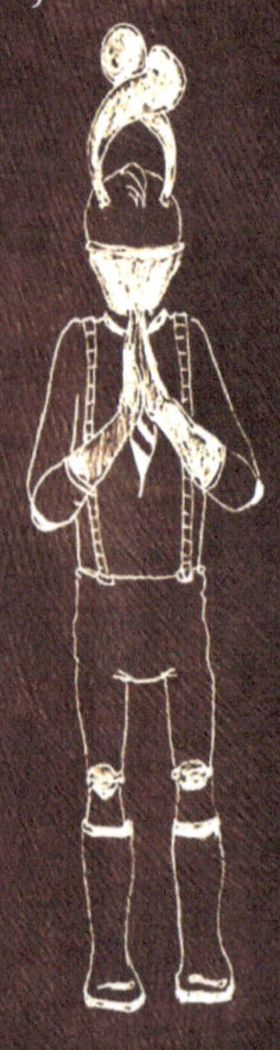

Special thanks / gracias especial

Mom/Dad / Mama/Papa
Family/Friends / Familia/Amigos

Mentors / Maestros
Leo F. Hobaica Jr.
Amy Danger

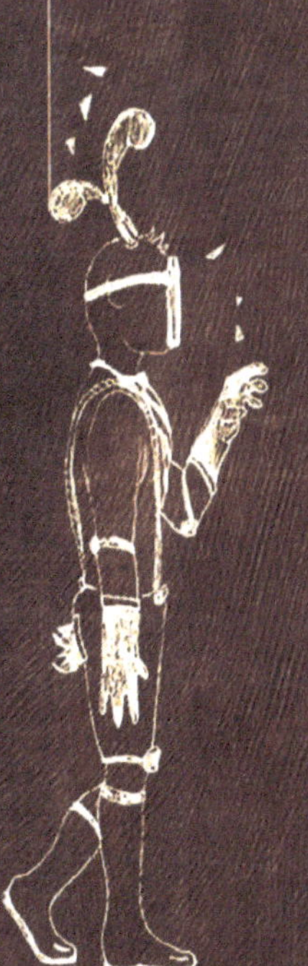

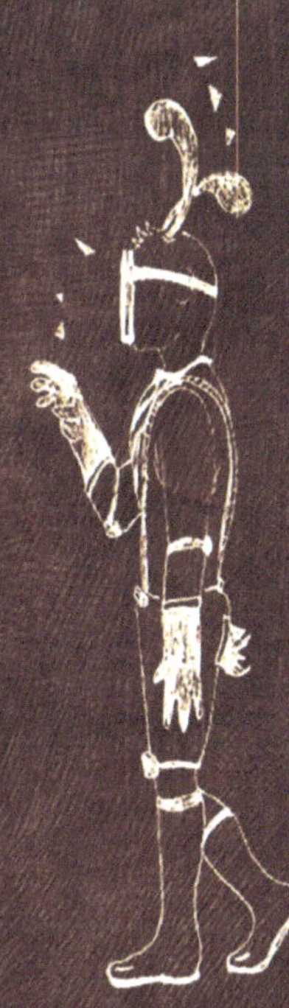

dedicated/dedicadO

to/a

Alejandra Peña

12/1980 - 08/2006

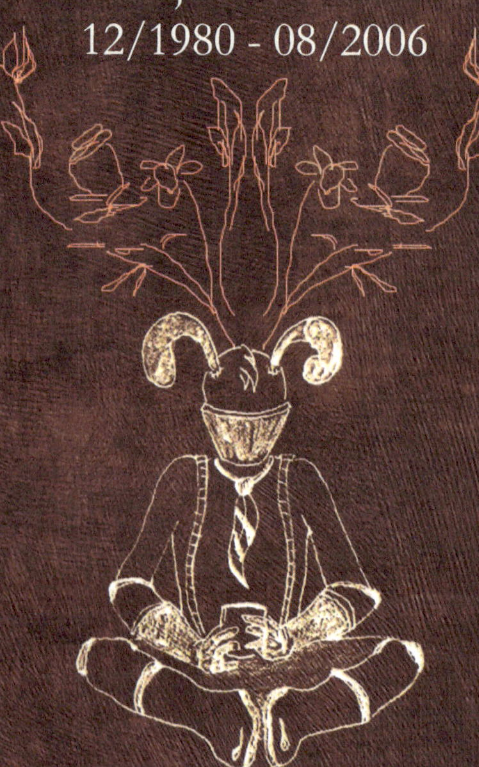

thoughts/pensamientoS V.1 © 2015

ABOUT THE AUTHOR

With so many digital tools available now, there are alot of people who call themselves artists. But the simple reality is: true artistic skill has only ever been given to a select few;

Jasser Membreno is one of them.

With an incredible facility for drawing and painting; he creates a moment; in world of his own devising. His work is figurative and fantastically; the landscapes, buildings and objects live simultaneously in the past present and future, of a world full of decay, mystery and invention. Within that scene, you will often find a figure; vaguely human, certainly emotional. His boundless imagination makes it inevitable that one medium can't contain his prolific output, and takes him across many borders: his drawing and paintings extend their narrative qualities into actual prose and poems he writes, into writing and animating his own films and his sculpture works extend his vocabulary into the real world. The one-man and group shows of his work have made him a sought-out talent for commissions and cross-overs into the entertainment industry.

Since graduating from Cal Arts with a degree in Animation, and co-creating a company, CineNovel, he has worked professionally across many platforms, including feature films, music videos, commercials, video games, animated and live action shorts, developing apps and graphic design work.

SOBRE EL AUTOR

Con tantas herramientas digitales disponibles ahora, hay un montón de personas que se llaman a sí mismos artistas. Pero la simple realidad es: la verdadera habilidad artística siempre solamente ha sido dada a unos pocos;

Jasser Membreno es uno de ellos.

Con una facilidad increíble para el dibujo y la pintura; crea un momento; en la concepción de su propio mundo. Su obra es figurativa y fantásticamente; los paisajes, edificios y objetos viven simultáneamente en el pasado presente y futuro, de un mundo lleno de decadencia, misterio e invención. Dentro de esa escena, usted encontrará a menudo una figura; vagamente humana, ciertamente emocional. Su imaginación sin límites hace que sea inevitable que un medio no pueda contener su prolífica producción, y lo lleva a través de muchas fronteras: su dibujo y pintura extienden sus cualidades narrativas en prosa actual y poemas que escribe, a escribir y animar sus propias películas y sus obras de escultura amplían su vocabulario en el mundo real. Los espectáculos unipersonales y de grupo de su trabajo lo han hecho un talento codiciado por comisiones y cruces en la industria del entretenimiento.

Desde que se graduó de Cal Arts con una licenciatura en animación, y la co-creación de una empresa, CineNovel, ha trabajado profesionalmente en muchas plataformas, incluyendo películas, música videos, comerciales, videojuegos, animación y cortos de acción en vivo, desarrollando aplicaciones y trabajos de diseño gráfico.

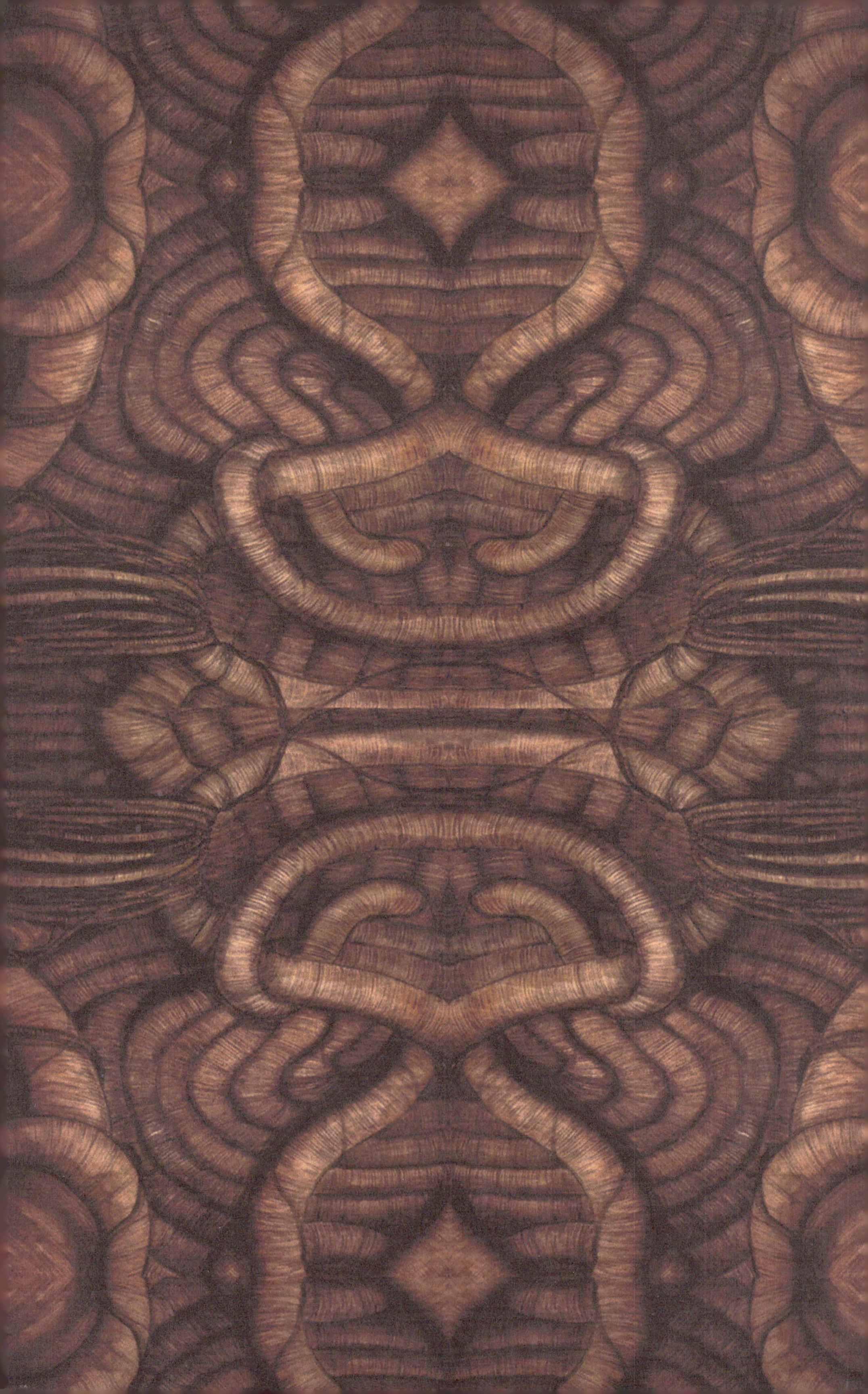